本書を隅谷三喜男先生、令夫人隅谷優子さんに捧げる。

推薦のことば

近藤　勝彦

いきなりお金の話をする失礼をお許し下さい。船戸良隆先生は、２０２０年10月、公益法人日本キリスト教文化協会からキリスト教功労者の顕彰をお受けになりました。そのときの副賞30万円を、先生は年来奉仕してこられたアジアキリスト教教育基金（ＡＣＥＦ）に全額寄付してしまわれました。

しばらくして、今度は今奉仕している日本基督教団勝沼教会の会堂建築に努めたい、それで説教集を出版して、会堂献金に役立てたいとの電話が私にありました。経験上、説教集は収益に結びつかないと十分知っていましたから、やめたほうがいいと喉まで出かかりましたが、やってみてはどうかと言ってしまいました。先生の実践意欲に押されたのかもしれません。次に来た電話は、出版が決まったので「推薦のことば」を記してほしい、でした。

　船戸先生との交流は、先生が「筑豊の子どもを守る会」を始めた後、東京神学大学修士課程の最終学年を滝野川教会で過ごされた時からです。青年会で語り合い、一時期を親しく共に過ごしました。私が神学校に入学した時には、先生はすでに聖和教会の伝道師を経て、ベトナムに赴き、ベトナムの子どもたちと共に生きる働きに尽くしていました。船戸先生は、私にとって55年間の交友を持った先輩です。この年上の友人の依頼を私は断ることができません。

　説教集の校正段階で最初の一編を読みました。次の一編を読んだあたりから、事態はまったく一変しました。これは、文句なしに、誰に対しても是非お読みになるように推薦したい、否、推薦しなければならない説教集だ、そう気付き、その思いは読み進むごとに増し加わりました。理由は、立ち読みでもいいから、どれか一編をお読みになれば、誰にでもお分かりになるはずです。

　この伝道者がなぜ人生のほとんど大部分の時間と精力をアジアの途上国の子どもたちのために注いだのか。ＮＰＯの社会活動のリーダーがなぜ年齢を越えて伝道者として奉仕し続けているのか。すべての理由は、船戸良隆を撃ち、そして彼を生かしている福音にあります。それゆえ、主の十字架を仰ぎ、自分の十字架を負って従う。この生き方が是非年代や地域を越えて伝わってほしい。そう願わずにはおれません。説教は、徹底して聖書の証言に服します。その上で説教は、説教者自身の信仰とその証しの生き様を示さずにはおきません。そのことがここには実によく示されています。

（東京神学大学元学長、理事長）

２０２１年７月

本文中の聖書は「口語訳」「新共同訳」を使用し、「口語訳」の場合は文頭に明示した。

もくじ

第一部
我が歩みし道

同じ喜びと悲しみの中で——私の信仰告白　ローマ5章6〜8節（口語訳）

2013年10月20日　静岡教会

本日の礼拝は伝道礼拝ですので、御言葉の解き明かしである説教というよりは、私の身に、私の人生に神が何をなさってくださったかを証しさせていただくことにより、神に栄光を帰することができればと願っています。そこで本日は、私の三つの回心とも言うべき、信仰経験を話させていただきます。

私は1936（昭和11）年東京・芝の浜松町に生まれました。祖父、祖母は、大変熱心な日蓮宗身延山派の信徒で、その地区の信徒代表として「むらくも結社」という「講」を作り、貸し切り列車で身延山まで参詣に行くという熱心な人たちでした。私も朝夕仏壇にお線香を上げ、お祈りをしないとご飯にならないという生活をしていました。

高校生になって人生にいろいろと疑問が出てくるようになり、はじめは「論語」に熱中しました。特に私の魂を強くゆさぶったのは、次の言葉です。「蔬食《そし》を飯《くら》ひ、水を飲み、肱《ひじ》を曲げて之を枕とす。楽もその中にあり、不義にして富み且つ貴きは、我に於いて浮雲《ふうん》の如し」（述而第七より。武者小路実篤『論語私感』三笠文庫）。同時に赤尾敏という右翼思想家に熱中し、浅草公会堂まで演説を聞きに行くほどでした。しかしそれもいつのまにか終わり、その後は自然主義文学に傾倒しました。ご存じのように自然主義文学では人間のありのままの姿を描きます。醜いものは醜いまま描き、目をそむけたくなるような現実も直視するということで、その影響で私の心も日々どんよりと曇り、目の前には何の希望も見いだせず暗黒の中をさまようようでした。

そんなある日、正宗白鳥の『自然主義文学盛衰史』という文庫本を片手に、いつものように国電浜松町駅のすぐ隣にある芝離宮恩賜庭園を散歩していました。すると、どこからか今までに聞いたことのないすばらしい音楽が聞こえてきたのです。近づいてみると、「海員会館」という建物の一角を借りて宣教師がキリスト教の集会をしていて、その参加者が歌っている賛美歌でした。これが私がキリスト教に接した初めての時です。集会所に入った私はとっさに、「ここには何かがある」「私が求めているものがある」と感じました。それからというもの、何があろうと休むことなく熱心に教会に通い始めたのです。

この教会は、アメリカのポートランドに本拠があるホーリネス系の超保守的な教会で、信徒は皆大変熱心に祈る方々ばかりでした。参加してみてびっくりしたことが一つありました。キリスト教の祈りということです。先ほども申しあげたように、私は幼い時から仏壇にお線香を上げ、祈っていました。しかしその時の祈りは、自分のこと、親のこと、身内のことだけでした。ところが教会では、全く見ず知らずの人のことを祈っていたのです。クリスチャンホームに育った人にとっては別に不思議なことではないと思うかもしれませんが、私にとっては大変なショックでした。文字どおり「他者のために祈る」ということは初めての経験で、日本の文化にはないのではないかと思いました。まさに異文化体験で、大変感銘を受けたのを覚えています。

ところが、しばらく教会に通っているうちに、この最も神聖な営みである「祈り」の中にも人間の「でたらめさ」が入り込んでいるということを体験しました。この教会は、説教が終わった後、皆が講壇の前にある「恵みの座」に行き、そこで一斉に大声で祈るのです。それはいいのですが、人間というものは仕方のないもので、他人よりも長く祈って「あの人は信仰深い」と見られたいという気持ちが起こるのです。そこで、時々目を開けて、他の人たちがもう終わったかどうかを確かめるわけです。それを、私だけでなく皆もやるのです。

そんなことが何回か続いて私はすっかり落ち込んでしまいました。神に捧げる祈り、その最も神聖なところでも人間は「でたらめ」をする。クリスチャンというのはすばらしい人たちだと思っていたのが、一皮むけば醜い人たちの集まりではないか、と。私はすっかり絶望してしまいました。ですから、教会に行っても誰とも口をきかず、後ろの方に黙って座っていました。しかし全く不思議なことに――これは神の御計画としか思えないのですが――そんなことがありながらも私は諦めずに教会に通い続けたのです。

ある日、いつものように熱心に祈っていた時のことです。神から声が聞こえたように思いました。「おまえは、あの人が悪い、この人はでたらめだと言っているが、最もでたらめな人間はおまえではないのか」と。私はこの声を聞いて震えました。「そうだ、そのとおりだ」。私は、おいおい声をあげて泣き、涙を流して神に祈りました。「神さま、私こそ罪人です。この罪をお赦しください」と。どれくらい祈っていたかわかりませんが、ふと気がついて顔を上げると、辺り一面が黄金のようにきらきらと輝いていました。そして、私は周囲にいる一人ひとりの友人に本当に晴れやかな顔で赦しを乞い、赦されたのです。これが私の第一の回心の経験です。

この時、私は二つの決心をしました。一つは、人生の目標を全く見失っていた私に、その目標が与えられたのですから、自分は伝道者になる以外に道はないということ。もう一つは、自分の一生を貧しい人のために捧げるということでした。

この教会では伝道者になるためには、教会に入って教会の仕事をしながら学ぶしか道はありませんでした。ですから私は高校を卒業すると同時に、親には何も言わず、この教会に勤め始めたのです。

やがて教会は大田区の久が原に移転しました。伝道熱心でしたから、毎週、国電蒲田駅前の広場で路傍伝道をしました。ある時、私の「証し」を聞いて一人の建築作業員が教会に来るようになり、熱心な信徒となりました。ところがしばらくして、上司の命令で関西に職場を移すことになったのです。私たちは彼のために夜遅くまで祈祷会をして、関西へ行っても信仰生活を続けるようにと励ましました。彼が関西に行った後も、彼のことを覚えて祈っていました。しかしそれもいつしか止み、すっかり彼のことも忘れていました。

ある日曜日の晩のことです。夕礼拝が終わり、皆で帰ろうとしていた時のこと、教会の前がざわざわとうるさいのです。どうしたのかと思っていますと、教会の人が私のところに来て、「教会の前に酔っぱらいが来て『舩戸を出せ、舩戸を出せ』とわめいているので行ってください」と言うのです。どういうことかと思って出てみると、何と一年ほど前に祈りをもって送り出した彼なのです。へべれけに酔っぱらい、舎弟と称する仲間に両腕を抱えられ、立つこともままならない状態なのです。

いったいどうしたのかと、教会のいちばん後ろの椅子に座らせて事情を聞きました。彼は、おいおい泣きながらこう言うのです。「舩戸さん、世の中は厳しいものだ。私も皆さんに祈っていただいて一生懸命信仰の道を歩もうと努力した。しかし、世の中はそんなに甘くない。私はとうとう信仰を捨ててしまったのです。たまたま東京へ出張があって蒲田駅を見た時、以前のことが思い出され、矢も盾もたまらなくなって電車を飛び降りてしまったのです。ちょうど日曜日だし、教会へ行ったら誰かに会えるかと思って足を向けたのですが、しらふではとても会えない。駅前の飲み屋でしたたか飲んできたのです」と言うのです。「おれはダメな男だ。おれは敗北者だ」。こう言いながら酒臭い赤ら顔で、おいおい泣きながら訴えるのです。

高校を卒業したばかりの私には大変なショックでした。私は、このような人の気持ちを理解することができるだろうか。それができなくて伝道者として生きるということができるのか……。彼の訴えを聞きながら、聖書の言葉を思い出しました。ローマ人への手紙12章15節「喜ぶ者と共に喜び、泣く者と共に泣きなさい」でした。

このような方の苦しみを、共に苦しむことができなくてどうして伝道者になれるだろうか、それがわからずしてどうして伝道者になれるだろうか、そんな思いが心をよぎりました。それで私は教会で働くことをやめ、翌日に大森職業安定所に行き、日雇い労働者になることを決心したのです。「喜ぶ者と共に喜び、泣く者と共に泣く」ことを知るためです。そして一年間、日雇い労働者となり、その間、教文館で行われていた東京神学大学の夜間講座に通い、翌年に同大学に入学しました。これが私を変えた第二の回心です。

第三の回心は、私が「筑豊の子どもを守る会」の活動の一環として筑豊の金田《かなだ》にあった

「福吉炭鉱」に住み込んだ時に起こりました。当時、石炭から石油へのエネルギー革命が起こって炭鉱は没落し、閉山が相次いでいました。炭鉱で働いていた労働者とその家族は大変厳しい状況に置かれていたのです。そこで私たち学生は「筑豊の子どもを守る会」を組織して夏と春に炭住（炭鉱住宅）を訪れ、子どもたちに勉強を教えたのです。またその運動を推し進めるために、私は一年間、大学を休学して炭住に住み込んだのです。地元の方々も大歓迎、することはすべて大成功という盛況でした。しかし、夏のキャラバンが終わり、ボタ山（炭鉱で石炭などの採掘によってできる捨石の集積場）に秋風が吹くようになると、福吉の人たちにも私にも疲れが見えてきました。何をやってもうまくいかず、どうしたらよいのやら、思案投首《しあんなげくび》でした。

そうしているところに東京から古着が送られてきたのです。さっそくバザーをしようということになり、地区の婦人会も久しぶりに活気を取り戻しました。無料で配るということはよくないという提案があり、ごく安い値段を付け、売り上げは婦人会の資金にすることに決まりました。その結果バザーは大成功。私も大いに満足して、炭住のむしろの上に大の字になって休んでいました。

しばらくすると、私の家の前に二、三人の女性が来て、何やら話をしています。耳をすませてよく聞いてみると、バザーの悪口です。「値段なんか付けやがって我々貧乏人には買えやしない」とか何とか言いたい放題の文句を言っています。挙句の果てに「東京くんだりから若造が来やがって、何ができると言うんだ」と、私に対する罵詈雑言です。

私はそれを聞いて怒り心頭に発しました。いったい何のためにバザーをしたと思うのか。すべてはここの人々のためではないか。それをこんなに文句、不平を言うとは何事か、と。私は飛び出して行って殴りつけようかと思ったくらい激怒したのです。やがて彼女たちはいなくなりましたが、私の気持ちは収まりません。そのまま荷物をまとめて東京へ帰ろうかと思ったほどです。

しかし、このまま東京へ帰っても祈りをもって送り出してくれた学友、教会の方々に会わせる顔がありません。そこで聖書を持ってボタ山に登り、祈ることにしました。祈ろうとして頭を下げても怒りがこみ上げてきて祈ることができません。聖書を開いてもどこを読んだらよいのかわかりません。しばらくして、私が信仰を確立した内村鑑三の「ロマ書の研究」を思い出し、「ローマ人への手紙」を初めから読み始めたのです。そして5章6節に来ました。「わたしたちがまだ弱かったころ、キリストは、時いたって、不信心な者たちのために死んで下さったのである。正しい人のために死ぬ者は、ほとんどいないであろう。善人のためには、進んで死ぬ者もあるいはいるであろう。しかし、まだ罪人であった時、わたしたちのためにキリストが死んで下さったことによって、神はわたしたちに対する愛を示されたのである」（6～8節）。

私は頭をハンマーでガーンと殴られた思いがしました。身体に戦慄が走りました。私は何のためにこの筑豊に来ているのか。福吉の人々を愛し、この人たちに奉仕をしたいと思って住み込んだのではないか。しかしながら住民のたった一言で怒り心頭に発し、この「ろくでなし」と怒って、あの人たちをぶちのめしても足りないと思ったのです。人のためにと言いながら、「先生、ありがとうございます。本当に助かりました」というお礼の言葉を期待していたのではないか。「偽善者たちが人から褒められようと会堂や街角でするように、自分の前でラッパを吹きならそう」としていたのはこの私ではないか。何という情けないことか。何という罪人、何という偽善者か。私が今まで「愛」だと思っていたことは何だったのか。自分が偉い人間、奉仕ができる人として見られたいという自己満足ではないか。罪人の頭とは、この私ではないか……。涙が頬を伝って流れてきました。そして、涙でかすれる目で再び聖書を読みました。

5章8節「しかし、まだ罪人であった時、わたしたちのためにキリストが死んで下さったことによって、神はわたしたちに対する愛を示されたのである」。……とめどなく涙がこぼれ、懺悔と感謝の言葉が口を継いで出てきました。これが私の三つ目の回心体験です。

以上が私の人生に起こった三つの回心体験です。さらに一言だけ、今現在示されていることを申し上げてこの説教を終わらせていただきます。それは、「わたしについて来たい者は、自分を捨て、自分の十字架を背負って、わたしに従いなさい」（マタイ16・24、新共同訳）との御言葉です。

私の恩師、隅谷三喜男先生は16歳の時、こう祈ったそうです。「愛する祖国の危機に際しては、重い十字架を背負うことのできる者にして下さい」と（隅谷三喜男『激動の時代を生きて』岩波書店）。ただ十字架を仰ぐ信仰ではなく、十字架を背負う信仰です。この聖書の言葉が、どれだけ多くのクリスチャンを社会の只中で奮い立たせたことでしょうか。しかしここで私たちが注意しなければならないことは、この言葉が、誰によって語られたのかということです。ほかならぬ、私たちの罪のために十字架にかかってくださったイエス御自身によって語られたのです。ということは、私たちが十字架を背負って生きることができるのは、私たち自身がイエスによって背負われているからなのです。ただ単なる社会運動ではなく、「福音にしっかりと立つ」ということはこのことを意味しています。

２０１１年３月11日の東日本大震災を経験した私たちにとって、十字架を負って生きるとはいかなることか。神が歴史を御支配なさっておられるという信仰は、どのように理解されるべきか。あそこで亡くなられた方々の「死」に意味はあるのか。私たちが生かされているこの歴史に意味はあると言えるのか。実に重い課題が私たちには与えられています。教会は、教会にしかできないこと、福音のみが与えることのできることを語らなければなりません。

主がお入り用なのです

マタイ21章1〜3、18〜22節

２００９年11月16日　三保園ホテル

東海教区教職ゼミナール「牧会夜話」において何か話をするようにとの御依頼を受けましたので、自己紹介もかねて、私がどのようにして大月新生教会に赴任するようになったかについて話させていただきたいと思います。

私は２年前、大月に引っ越してきました。東京での一切の仕事にけりをつけて、引っ込んだのです。さて、どこの教会に出席しようかと調べたところ、大月には日本基督教団の教会は一つしかなく、それが大月新生教会でした。出席してみて驚きました。信徒が２名とＡ牧師の御家族だけでした。妻は、他の教会へ行きましょうよと言いましたが、教団の牧師が地元の教団の教会に出席しないのはよくないと説得し、出席することにしました。

翌年3月、A牧師が転任して無牧となりまして、教区長の北紀吉先生から代務者をやってくれないかとの御依頼を受けました。しかし、その時はいろいろと理由をつけてお断りしました。

実は、今だから話そうという類のことですが（というのは、今では北先生とは、しっかりとした信頼関係が築き上げられていますので話すのですが）、どうも北先生の第一印象がよくなかったのです。最初にお目にかかったのは、北先生が牧師をしておられた愛宕町教会で近藤勝彦先生の伝道集会が開かれた時です。

私は以前、東海教区伝道委員長の山本将信先生を通じて「大月新生教会再建案」なるものを提案していました。しかし北先生は私と会うなり、「先生が考えていることは、すべて今までにやったことです。けれども、大月新生教会ではうまくいかなかったのです」と言われました。私は、「先生は聖書を読んでいるのかなあ」と思ったのです。ルカによる福音書5章5節に「先生、わたしたちは、夜通し苦労しましたが、何もとれませんでした。しかし、お言葉ですから、網を降ろしてみましょう」と弟子たちがイエスに答えた記事があります。

私はイエスさまではありませんから、「お言葉ですから」などと言ってもらう必要はありませんが、「もう一度やってみましょう」くらいのことは言ってもいいのではないかと思いました。

筑豊時代からの友人である山本将信牧師に北先生のお人柄を聞いたところ、「やあ、あんたもそうか、実は私もそうだったのだ。しかしあの人は、付き合えば付き合うほど味が出てくる『するめ』みたいな人だから我慢して付き合ってみなさいよ。そのうち、いいところがわかってくるから」とのこと。「そうかなあ」と半信半疑でした。

４月から北先生が代務者として大月新生教会に来てくださることになりました。教区長として忙しい中を、一か月に一度、きちっと来てくださり、役員会議事録まで作ってくださいました。この教会は祈祷会がないからこれから祈祷会をしますといって、よく準備された、実に良いお話をしてくださいました。二、三人を前にして、大きな声で、実に熱心に奨励をしてくださるのです。私はその話を聞きながら、神学生時代に先輩から聞いた「壁に向かって説教する」（誰も聴衆がいないところで説教する）という話を思い出しました。そして、私自身、大月新生教会で何かお手伝いをしなければ悪いような気がしてきたのです。

北先生は、外見は豪放磊落ですが、実に細やかに気の付く方で、ある時は、笹子トンネルの近くで「笹子餅」を買ってきてくださり、「みんなで食べてください」と手渡されました。こんなことで、忙しい北先生に、わざわざ甲府から一時間かけて来ていただくのは申し訳ないなあと思い始めたのです。

ある日、他教派の教会である大月福音キリスト教会に所属する塚田さんという方から、同教会の創立者である戸田さんをぜひ紹介したいという話がありました。そして、お二人で我が家に来てくださったのです。創立時の苦労話などをうかがい、また大月の伝道などについて話すうちに、戸田さんが、ふとこうおっしゃったのです。「いやあ、神さまのなさることはすばらしいですね」。私も「そうですね」とあいづちを打ちました。私は、当然、「大月新生教会に北先生や舩戸先生を送ってくださって、神さまのなさることはすばらしい」とおっしゃると思っていました。これまでも何回もそのようなことは聞いていましたから。ところが、まったく意外なことに戸田さんはこうおっしゃったのです。「信徒二人で7年間も続けた前任のA先生はすばらしい。もしA先生の働きがなければ大月新生教会は、今ごろはなかったでしょう」と。

私ははっとしました。正直言って、それまで私はA先生のことをそう見ていなかったのです。しかし今、戸田さんは神の御計画としてA先生を見ています。私は己の傲慢さを神によって指摘され、神によって鉄槌が下されたと自覚しました。徹底的な悔い改めなくしては、ここで牧師として生きていくことはできないのではないかと思い知らされました。その時に示された御言葉が、先に読んだマタイによる福音書21章1節から22節の御言葉なのです。

私はこの箇所から二つのことを示されました。

第一は「時を定めるのは誰か」(摂理)ということです。物語の背景を見てみましょう。今やイエスは、弟子たちと共に最後のエルサレム行きを敢行されているところです。21章1節からは、ご存じのようにエルサレム入城の記事があります。日本基督教団の教会暦に従えば、棕梠の主日です。20章では「今、わたしたちはエルサレムへ上って行く。人の子は、祭司長たちや律法学者たちに引き渡される。彼らは死刑を宣告して、異邦人に引き渡す。人の子を侮辱し、鞭打ち、十字架につけるためである」(18～19節)と言われています。時は迫っているのです。十字架をめざして歩んでおられるイエス。時は、まさにそのような時なのです。その時にイエスが空腹を覚えられたのです。イエスはいちじくの実を必要とされたのです（18～22節）。

21章2節以下ではイエスがロバを必要とされたことが記されています。「主がお入り用なのです」（3節）。そうです。ロバを必要とされたと同じように、いちじくの実を必要とされたのです。しかしどうでしょう。いちじくは実をつけていませんでした。なぜ？　その季節ではないからです。マルコによる福音書には「いちじくの季節ではなかったからである」（マルコ11・13）と解説がつけられています。確かにいちじくが実をつけるのは6月で、この時は、過越《すぎこし》の時、4月の半ばですから実をつけていないのは当たり前かもしれません。

しかし、「今はその時ではない」、私たちはいつもこのように一応の理屈をつけるのです。ある場合には、一見信仰的な、あるいは常識から考えてもっともな理屈をつけて断るのです。「主がお入り用なのです」と言われても、それに応えようとしないのです。いったい誰が何によって、「今はその時ではない」と判断するのでしょうか。自然の巡りによって、私たちの常識によって……。主イエスが空腹であるにもかかわらず、「その時ではありません。準備ができていません。それは無理です、不可能です」と私たちは言うのです。

信仰とは、神が定められたその時、すなわち「主がお入り用なのです」というその時に、

「アーメン」と応えて、主の前に自らを差し出すことではないでしょうか。信仰の時というのは、「いつかは」とか「そのうちに」ということではありません。主がお入り用な、まさにその時に即座に応えるということではないでしょうか。

第二に、主イエスは、信ずる者には力が伴うことを教えられました。一週間後には十字架にかかられるイエスが、ここで、弟子たちにとって最も大切なことを教えておられます。マルコによる福音書によれば、「ペトロは……イエスに言った。『先生、御覧ください。あなたが呪われたいちじくの木が、枯れています』」（マルコ11・21）と指摘しました。いちじくの木は、根元から枯れていたのです。それに対してイエスはこうおっしゃったのです。「神を信じなさい。はっきり言っておく……」（22〜23節）。この「はっきり言っておく」と訳されている言葉は、イエスが最も重要なことをおっしゃる前につけられている言葉です。原語では「アーメン、アーメン、レゴーヒュー ミン」。文語訳では「誠に汝らに告ぐ」という言葉です。

この期に及んで「神を信じなさい」とはいったいどういうことなのかと思います。しかし、信仰とはこのようなものだと、イエスは弟子たちに教えられたのです。「だれでもこの山に向かい、『立ち上がって、海に飛び込め』と言い、少しも疑わず、自分の言うとおりになると信じるならば、そのとおりになる」（23節）と。

信じないならば、信仰が枯れてしまいます。私自身の信仰が枯れます。教会員一人ひとりの信仰が枯れます。そして、教会の信仰が枯れるのです。教会が、信仰以外の常識や社会的な地位、この世の関心事によって満たされているならば、教会は枯れます。そして力を失うのです。

私は悔い改めて北先生の所に行き、「9月から大月新生教会の牧師をさせてください」と願い出ました。と同時に、これまでマタイによる福音書の講解説教をしていましたが、それを中断して「使徒信条」の講解説教を、私のすべての力を傾注して始めることにしました。たとえ会衆が二、三人であろうと、壁に向かって説教するようになろうと、それは問題ではない、このようにして現在に至っています。

最後に私は、神学校を卒業して聖和教会に赴任して以来、43年ぶりに牧会に携わることとなった現在、心に留めていることを述べて、この話を終わりたいと思います。それは「説教」ということです。私は説教について三人の先生から学んだことを今でも心に深くとどめています。

一人は桑田秀延東京神学大学元学長です。桑田先生はこう言われました。「君たちは将来、教会に遣わされて説教をするであろう。その説教を準備している時に自分自身がその御言葉に打たれ、感動感激せずして、どうして会衆に御言葉を伝えることができるであろうか」。

次は、私が神学生時代出席し、ご指導をいただいた千歳船橋教会牧師であった北森嘉蔵先生です。先生からはテキストに忠実であること、その御言葉のみが与えるメッセージを伝え、他のことを伝える必要のないことを学びました。

第三は、熊野義孝先生の「最善の牧会は、説教である」という言葉です。

私どもの教会に、ある問題を抱えた初老の男性が転会して来られました。初めはたいへん暗い顔をされていました。しかし、私は事情があって慰めや励ましの言葉をかけることができませんでした。ある日、礼拝が終わった後、私がまだ講壇から降りずにいるところにその方が来られ、目にいっぱい涙を浮かべて一言、「先生、ありがとうございました」と言ってくださいました。私の胸にうれしさがこみ上げてきました。熊野先生のお言葉は、真実であることが心底から理解できました。

話さないではいられない　使徒4章1〜20節

最近、伝道の不振、教会員の減少、若者が教会に来ないなどと語られ、日本基督教団でも「伝道、伝道」としきりに叫ばれるようになりました。では若者は教会に関心がないのかというと、そんなことはありません。私が神学生の時代、今から50年ほど前には教会は若者で溢れ、「なぜ教会には若者だけしか来ないのか」と問うことが青年会のテーマでさえありました。その後に起こった教団紛争が伝道不振の大きな原因であることは確かだと思いますが、私はもっと根本的な問題があるのではないかと思います。

この「伝道」ということについて、苦い経験があります。それは私がプリンストン神学校に行っていた時のことです。神学校の隣にはファースト・プレスビテリアン教会（第一長老教会）という由緒ある教会があります。その教会の壁には歴代の牧師の肖像と共に、その教会から送り出された宣教師の写真が数多く飾られていました。私はまことに感慨深くそれを見、「ああ、このような教会から宣教師が日本にも伝道に来て、大変な苦労をしてくださったのだなあ」と感動を覚えたのです。

ある時、教会で若者たちに奨励（証し）をしてくださいと頼まれたので、私はベトナム戦争の最中に日本基督教団から派遣されて南ベトナム（当時）のサイゴン（現ホーチミン市）で奉仕活動をしたことを語りました。私としては、派遣された宣教師の写真が飾られているほどの教会ですから、海外宣教についても大いに関心をもってくださるだろうと思ってのことです。ところが、何と、その場がシラーっとしてしまったのです。本当にびっくりしました。

なぜそのようになったのだと皆さんは思われますか。確かに、ベトナム戦争反対の声は、アメリカでも大きく叫ばれました。ですから私の報告への反発があったのかもしれません。しかし、私にはそれよりももっと大きな課題があると思うのです。

皆さんは、ハドソン・テーラーという宣教師の名前をご存じでしょうか？　彼は１８６５年（日本では明治維新の直前です）に「チャイナ・インランド・ミッション」という超教派のプロテスタント宣教団を組織し、中国への伝道を始めた人です。実に大きな働きで、８００人の宣教師を派遣し、１２５の学校を設立し、１万８０００人の回心者を生みだしたと言われています。しかし、20世紀になって中国に共産革命が起こり、すべての活動は停止させられ、宣教師は撤退せざるを得なくなりました。そして、この中国からの撤退を機に、それまでの伝道活動に対しての総括と反省がなされたのです。19世紀型の宣教は「押しつけ」「啓蒙的（相手の無知を正す）」であったと反省がなされたのです。

それまでは、キリスト教の教えが最もすぐれているという「キリスト教の絶対性」を信じ、改宗させるのがその民族にとって最も良いことであり、幸せになる道だと信じて疑わなかったのです。ところが教会は、「いや待てよ、世界にはキリスト教と同等のすばらしい教え、たとえば仏教やイスラム教がある。そうであれば、それを信じて生きている人たちを、あえてキリスト教に改宗させる必要はないのではないか」と考え始めたわけです。今までキリスト教の「絶対性」を信じてきた人たちが、キリスト教を「相対的」に考えるようになりました。それではあえて「伝道」をする必要もないのではないか、となります。

日本へのキリスト教の伝道はカトリックが先です。宗教改革のプロテスタントに対抗して創設されたイエズス会のフランシスコ・ザビエルが来日しました。他方、プロテスタント教会の場合は主に北米で起こった「リバイバル運動（信仰復興運動）」の一環として日本に伝道に来ました。いずれも、大変な困難を乗り越え、深い使命感を持って宣教がなされたのです。しかし、今や、その伝統が崩れたのです。キリスト教が相対化され、伝道する必要などあるのかと教会自体が考え始めたことが、私がプリンストンのファースト・プレスビテリアン教会で経験したことの根底にはあったのです。

はたして、私たちはもう伝道する必要がなくなってしまったのでしょうか。これは大変重要な問題です。また、大きな問いかけです。


これについて聖書は何と語るでしょうか。

本日の聖書箇所は、前の3章の続きです。3章においてペトロとヨハネが、生まれながらの足の不自由な男をイエス・キリストの名によって癒やしました。すると、その男は躍りあがって立ち、歩きだしました。歩き回り、躍って神を賛美したと記されています。状況が目に浮かんでくるようです。そしてそれを見た群衆は非常に驚き、続々とペトロとヨハネの許に集まってきました。そこでペトロはその群衆に向かって説教をしました。「イスラエルの人たち、なぜこのことに驚くのですか」（3・12）、「あなたがたは、命への導き手である方を殺してしまいましたが、神はこの方を死者の中から復活させてくださいました。わたしたちは、このことの証人です」（15節）と。この言葉が初代教会の最初の信仰告白となります。

ペトロがこのように民衆に説教していると、当時のユダヤ社会の最高の指導者たちが現れて二人を逮捕します。ここから本日の聖書箇所の4章が始まります。

「ペトロとヨハネが民衆に話をしていると」（1節）祭司たち、神殿守衛長、サドカイ派の人々、つまりユダヤ社会の指導者たちがやって来て二人を捕らえ、翌日まで牢に入れます。それは、「信じた人は多く、男の数が五千人ほどになった」（4節）「その日に三千人ほどが仲間に加わった」（2・41）と報告される初代教会の勢いに脅威を感じていたからでしょう。エルサレム近辺で起こった暴動のようなものが再び起きては大変だと思ったのかもしれません。

さらに「次の日、議員、長老、律法学者たち……大祭司アンナスとカイアファとヨハネとアレクサンドロと大祭司一族が集まった」（5～6節）と言うのです。ユダヤ社会最高指導者の総動員です。そして彼らは「使徒たちを真ん中に立たせて、『お前たちは何の権威によって、だれの名によってああいうことをしたのか』と」（7節）尋問しました。「そのとき、ペトロは聖霊に満たされて言った」（8節）。この時のペトロは、かつてイエスが弟子たちに語った言葉を思い出していたに相違ありません。「あなたがたは地方法院に引き渡され、会堂で打ちたたかれる。また、わたしのために総督や王の前に立たされて、証しをすることになる。しかし、まず、福音があらゆる民に宣《の》べ伝えられねばならない。引き渡され、連れて行かれるとき、何を言おうかと取り越し苦労をしてはならない。そのときには、教えられることを話せばよい。実は、話すのはあなたがたではなく、聖霊なのだ」（マルコ13・9～11）。

ペトロとヨハネは、今や、ユダヤ社会最高の権威者、最高の知識人たちの前に立たされ、裁判を受け、その裁判次第によっては死刑となるかもしれないのです。そんな状況にあって、彼らの口をついて出た言葉は、「ほかのだれによっても、救いは得られません。わたしたちが救われるべき名は、天下にこの名のほか、人間には与えられていないのです」（12節）なのです。

先ほど述べたように、このような確信に満ちた証しは、現在の教会ではあまり聞かれなくなりました。誰もが自信をもって「ほかのだれによっても、救いは得られません」とは言い難くなった時代です。そんなふうに説教するのは、ちょっとおこがましいとさえ思う時代なのです。

しかし、ペトロとヨハネは全く違いました。確信をもって宣言しました。この宣言を聞いて驚いたのは、彼ら二人を裁こうとしているユダヤ最高の権威者たちの方でした。言行録はこう記しています。「議員や他の者たちは、ペトロとヨハネの大胆な態度を見、しかも二人が無学な普通の人であることを知って驚き……」（13節）と。彼らはガリラヤの漁師ですから、律法の研鑽を積んだ最高法院の権威者たちから見れば、全くの無学と言えたでしょう。その無学な者たちが、居並ぶ権威者たちに向かって彼らの主張を堂々と宣言したのです。しかも、「足をいやしていただいた人がそばに立っているのを見ては、ひと言も言い返せなかった」（14節）のです。

これこそが、最も重要なことです。何百万巻の書物をもってしても、一つの事実に勝つことはできないのです。ですから、権威者たちは、このことがこれ以上民衆の間に広まらないように、決してイエスの名によって話したり教えたりしないようにと二人に命令するのがせいぜいでした。

しかしこれに対し、ペトロとヨハネはどう答えたでしょうか。「しかし、ペトロとヨハネは答えた。『神に従わないであなたがたに従うことが、神の前に正しいかどうか、考えてください』」（19節）。人に従うよりは神に従うべきであると、はっきりと宣言します。そして続けて、最後のとどめの言葉ともいうべき、この上なき宣言をしました。「わたしたちは、見たことや聞いたことを話さないではいられないのです」（20節）。

見たこと、聞いたことを話さないではいられない……。ここに伝道の原点があります。現代の教会から失われようとしている原点です。私たちが「自分が救いを受けたこと」、この事実は何人によっても、どのような議論、理論によっても崩されることのない事実そのものです。

伝道とは難しいことではありません。自分が救いを受けたその喜びを語ることに尽きます。「見たことや聞いたことを話さないではいられない」。ここにこそ伝道の原点があるのではないでしょうか。

今日は、ぜひあなたの家に泊まりたい　ルカ19章1〜10節

本日与えられた「徴税人ザアカイ」の物語を読み、二つのことを御言葉から聞きたいと思います。

第一は、信仰は常識を超えるということです。

19章1節から4節。「イエスはエリコに入り、町を通っておられた。そこにザアカイという人がいた。この人は徴税人の頭で、金持ちであった。イエスがどんな人か見ようとしたが、背が低かったので、群衆に遮られて見ることができなかった。それで、イエスを見るために、走って先回りし、いちじく桑の木に登った。そこを通り過ぎようとしておられたからであ

る」。

イエスはエリコに入り、町を通っておられました。このエリコという町は旧約聖書時代から有名な町で、ヘロデ大王はここにローマ式の壮大な都市を建設し、自分の冬の宮殿を造り、町の後方の丘には要塞をめぐらせました。これほどの施設があったのですから、当時はかなり大きな町であったことと思われます。そしてここには税務署が置かれていました。

当時、ローマ帝国は税額の査定は自分たちで行いましたが、実際の取り立ては現地人に請け負わせていました。ここに出てくるザアカイという人物はおそらくエリコ全域の徴税権を買い取り、何十人かの自分の部下に税金を取り立てさせる徴税人の頭でした。多分ローマ風の大邸宅に住んでいたことでしょう。征服者であり異邦人であるローマ人の手先で、しかも同胞から重税を取り立てているのですから、ユダヤ人たちから良く思われるはずはありません。軽蔑され、嫌われ、孤独な毎日を送っていました。

こうした日々を送っていたザアカイの許に、ある日、耳よりなニュースが入ってきました。それは、イエスと呼ばれる一風変わったラビが町に来るという噂です。変わっているというのは、普通の祭司や律法学者が目にもかけないような病人や売春婦、徴税人に対してすら優しく声をかけてくれるというのです。ザアカイは、この「徴税人にも声をかけてくれる」というところに惹かれました。通常ならば祭司、律法学者と呼ばれている人々は、徴税人を蛇蝎のごとく嫌います。それが優しく声をかけてくれるというのですから、にわかには信じられませんでした。でも本当なのか、ものは試しに一度会ってみたいものだと考えたのです。いや、ひょっとしたら自分の悩みも聞いてもらえるかもしれない、と。

彼は街角に出てみました。滅多に外へ出ないザアカイでしたが、街角はいつになく騒然としていました。いつの世にも野次馬はいるもので、この珍しいイエスというラビを見たいという人がひとかたまりになってイエスを取り囲んでいるようです。とても近づくことができません。それに具合の悪いことには、ザアカイは背が低いのです。群衆に遮られてイエスに話しかけることはおろか、姿を見ることすらできません。

これは困った。あきらめるか。……しかし、あきらめるにしては残念だ。そこで彼の頭に名案が浮かびました。「そうだ、イエスの通りそうなところに先回りしていればいいのだ」。しかし、先回りしたところで、背の低い彼にとってイエスに会えるという確証はありません。困り果てた挙句、彼は、これ以上にない名案を思いつきました。それは「いちじく桑」の木に登って上からイエスを見下ろすということです。このいちじく桑という木は、高さが10メートルから13メートル、幹の太さは40センチにもなるというのですから、かなり大きな木です。ザアカイはこの木に登ろうと決心しました。

ザアカイという人は何歳ぐらいだったのでしょうか。徴税人の頭というのですから、20代、30代ではないでしょう。40代、あるいは50代だったかもしれません。考えてもみてください。50代の、しかも、その町では知らぬ人もない有名人が、いい年をして木に登る。しかもイエスが見上げるほどというのですから、かなり高いところまで登ったのでしょう。「イエスに会いたい一心」で……。ここがすばらしいところです。

「ザアカイ」という名には「純粋」という意味があります。ただ「一筋」です。人間だれしも50代にもなれば世間体とか他人の視線が気になります。また、見栄もあるでしょう。家族が他人からどう言われるかも気になります。いまさら常識を破って冒険などしたくない。それが人情であり、常識というものです。しかし、ザアカイはイエスに会いたい一心で木に登りました。

年齢とは何でしょうか。高齢になればもちろん肉体的には衰えを感じます。年齢相応の分別も求められます。世間体もあります。しかし、私たちにとって決定的に重要なことは、そういうことではありません。何歳になろうとも、自分は何を求めて生きるのかということが重要なのではないでしょうか。生きている、いや生かされていることの目標は何なのでしょうか。何のために生きるのでしょうか。その目標がはっきりしていなければ、本当に生きているとは言えないのではないでしょうか。また、それさえはっきりしていれば年齢などは関係ないのではないでしょうか。逆に、たとえ若者であっても、何を目指して生きるのかがわからなければ死んでいるも同然です。ザアカイも、金持ちであることを享受し、おいしいものを食べ、いつもと同じ生活をしていたら新しいことは何も起こらなかったでしょう。

日常の生活のまま、常識からは新しいことは生まれてこないのです。己を本当に生かす、己を真に生き生きと生かすものは何一つ生み出されないのです。その常識に一喝を与え、常識を飛び越えて「真に生きること」が「信仰」です。

悪霊を追い出すことができなかった弟子たちがイエスの許に来て「なぜ、わたしたちは悪霊を追い出せなかったのでしょうか」と問いました。それに対し、イエスはこのようにお答えになりました。「信仰が薄いからだ。はっきり言っておく。もし、からし種一粒ほどの信仰があれば、この山に向かって、『ここから、あそこに移れ』と命じても、そのとおりになる。あなたがたにできないことは何もない」（マタイ17・20）。

信仰というのは、そのようなものです。ヘブライ人への手紙11章にも「信仰とは、望んでいる事柄を確信し、見えない事実を確認することです」（1節）と記されています。何か新しいことを試みようとすると、いつも不安がつきまといます。うまくいくだろうかと思います。高齢者ならば、この歳でということもあるでしょう。その時に、信じて進むなら、すなわち「望んでいる事柄を確信し、見えない事実を確認する」信仰が与えられるなら、俄然、勇気が出てきます。常識を飛び越えた新しい生き方がひらめくのです。本来教会というところは、そのような生き生きと生きる人を生み出すところなのです。

このザアカイの物語から学ぶ第二のことは「出会い」です。

5〜7節。「イエスはその場所に来ると、上を見上げて言われた。『ザアカイ、急いで降りて来なさい。今日は、ぜひあなたの家に泊まりたい。』ザアカイは急いで降りて来て、喜んでイエスを迎えた。これを見た人たちは皆つぶやいた。『あの人は罪深い男のところに行って宿をとった。』」

「あなたの家に泊まりたい」。一宿一飯の恩義という言葉がありますが、古今東西、世界のどこに行っても、その家に泊まる、泊めてもらうということは特別な親しみを覚えることです。ザアカイにとってイエスの言葉は、まさに青天の霹靂、全く予想もしていなかったことでした。それは7節を見ても明らかです。「これを見た人たちは皆つぶやいた。『あの人は罪深い男のところに行って宿をとった。』」。「罪深い男……」。人々につぶやかれなくても、誰よりもザアカイ自身がいちばんよく知っていることです。人々が自分をどう思っているか、「あんなやつは早く死んでしまったほうがいい」と思われているくらいは百も承知しているのです。自分のしていることのゆえに、皆から毛嫌いされていることはよくわかっているのです。その自分の家に来て食卓を共にしてくださるばかりでなく、泊まってくださるというのです。頭が混乱して、これから何が始まるのかと想像もできなかったことでしょう。しかし、そんなことを考えている余裕はありません。「ザアカイは急いで降りて来て、喜んでイエスを迎えた」（6節）のです。

食卓を共にしてくれる。何と喜ばしいことでしょう。いつもの、豪華ではあっても何となく冷え冷えとしている家族だけの食卓、そこにイエスが来てくださるというのです。ザアカイは、イエスによって「受け入れられた」のです。

人に受け入れられるということがどれほど素晴らしいことか、一つの例をご紹介しましょう。それは、アジアキリスト教教育基金（ＡＣＥＦ）が、毎年夏行っている「スタディーツアー」に行った原田真美香さんのことです。彼女は帰国後「本当の自分にもどって」と題してＡＣＥＦのニュースレター（１９９７年11月10日発行）に体験記を書いてくれました。

「わたしは、日本でのいろいろな問題を抱えたまま、バングラデシュに行きました。そして、自然や人々、寺子屋学校の子どもたちに出会い、ショックを受け、考えさせられることが多くありました。それなのに、夕食後の話し合いの時間、シェアリングの時には、思ったことを素直に話すことができず、当たりさわりのない言葉で意見を言い、一日を終えていました。

テーゼの修道院に行けたことは、そんなわたしを大きく変えてくれました。私たちがそこを訪れたときは、偶然、昼の祈りの時でしたので、礼拝に参加させてもらいました。誰でも歌えるような賛美歌を歌い、聖書を読んで、説教はなく、黙祷（祈りの時間）を二〇分、最後にもう一つ賛美歌を歌いました。祈りの時間では一人で祈ったり、静かに考える時間を与えられ、それぞれの心にあったものが、スーッと取れたように思えました。テーゼの礼拝堂は不思議な空間でした。テーゼのブラザーたちも、いい人と言うだけでは言い切れない、出会ったばかりの私たちを、どんなことでも受け入れてくれる人で、その人たちと一緒にいるだけで安心した気持ちになれました。

このような経験をした後のシェアリングは、メンバー全員が素直に、自分の言葉でいろんなことを話せるようになりました。

わたしは、はっきり言って高校中退です。外見も茶髪で『落ちこぼれ』と呼ばれる部類にはいると思います。それは別に卑屈になっているわけではなく、現在の日本では学歴や外見だけにとらわれて、内面を見ようとしない人が多いだけだと思います。そんな日本の中でわたしは自分でも気がつかない内に、殻に閉じこもり、他人と距離をつくり、後ろばかり見て、『どうせわたしなんて……』と思ってしまう淋しい人間になっていました。

けれど、ジャマルプールでの六日間で、チームのメンバーがありのままのわたしを受け入れてくれ、SEP（バングラデシュにおけるACEFの協力団体）のスタッフが、受け入れてくれ、テーゼのブラザーが受け入れてくれ、ジャマルプールの人たちが、わたしたちをとても歓迎してくださいました。そして、その出会った人たち全員が、六日間という短い時間で私の殻を全部取り去ってくれたのです。わたしを『本当の自分』にもどしてくれました」。

この真美香さんの文章について、当時、金沢長町教会牧師であった平野克己先生は、次のようなコメントを同じニューズレターに書いてくれました。

「彼女は水槽を飛び出しました。その始まりは、教会と出会い、ありのままの自分が神に愛されていることを知り、神とともに生きる世界への扉が開いたことでした。そしてエイセフ（ＡＣＥＦ）と出会い、人とともに生きる世界への扉が開いたのです。（中略）高校中退。茶髪。『落ちこぼれ』。そうした分類の何と馬鹿げたことか。彼女は、世界でただひとりの原田真美香、神と人とともに生きる原田真美香なのです。ニュー真美香、リアル真美香が歩き始めました」と。

ザアカイは、変えられました。悔い改めが起こりました。そしてそれは、彼にとってこの上ない喜びでした。８節に「ザアカイは立ち上がって」と記されているのがその証拠です。イエスに受け入れられた大いなる喜びでした。

その変えられた結果は、すぐさま日々の生活に現れました。「主よ、わたしは財産の半分を貧しい人々に施します。また、だれかから何かだまし取っていたら、それを四倍にして返します」（８節）。その言葉に対しイエスはこうおっしゃいます。「今日、救いがこの家を訪れた」（９節）。

　このときから、ザアカイの生き方が変わります。今まで自分の所有物だと思っていたものが、実は神から与えられたもの、神から預かっていたもの、隣人と共有するものへと変わります。そして、「隣人と共に生きる」という生活が始まるのです。自分が自分のために生きるという生活から、隣人と共に、隣人のために、共に分かち合って生きるという生き方に神によって変えられていくのです。

分かち合う喜びに生きて

マタイ14章13〜21節（口語訳）

今朝、皆様と共に主の御名を崇め、礼拝にあずかることのできる幸いを心より感謝します。私たちが捧げているこの礼拝は、今ここに集っている私たちだけではなく、全世界の主にある兄弟姉妹、インドネシアの小さな島で、あるいはタイの大きな川のほとりで、そしてバングラデシュの山岳地帯で捧げられている礼拝と連なっていることを覚え、主に感謝したいと思います。

さて、今朝の礼拝においては、私の体験などもとおして、今、私たちに神が何を語りかけているのかを、共に御言葉から聞きましょう。私は現在、アジアキリスト教教育基金（ＡＣ

EF）というNGOで、バングラデシュに寺子屋（小さな小学校）を贈ろうという運動に携わっています。皆さんは、バングラデシュという国にどんな印象を持っているでしょうか。

しばらく前のことですが、バングラデシュについて大変ショックなことを聞きました。それは、在日バングラデシュ大使館に新しい大使が赴任した時の話です。その大使は、日本の各省庁に挨拶に行ったそうです。そうしたところ、行く先々で「ああ、バングラデシュですか、毎年、洪水が起きて大変ですね」と言われたのだそうです。貧困、洪水、栄養失調の子供たち、そういう話しか出なかったというのです。本当にそのようなことを日本の役人が言ったのかどうか若干疑問ですが、大使館の高官から直接聞いたのですから、嘘の話とも思えません。一国の大使を迎えるに際し、バングラデシュの一面的な現実だけを話題にして応対するのは全く失礼な話だと憤慨しました。

私たちの運動は、ただ、バングラデシュの子供たちがかわいそうだから助けてあげようというのとは全く違います。もう少し視野を広げ、今流行の言葉で言えば、グローバル（地球規模）な視点で考えようとしているのです。確かに私たちの運動の母体となっているキリスト教会では、初代教会より奉仕（聖書の言葉で言えばディアコニア）に励み、貧しい人々に手を差し伸べてきました。しかし現代におけるディアコニアというものは、単なる慈善（チャリティー）を超えた教会の奉仕でなければならないと考えています。

若干、バングラデシュの紹介をさせていただきますと、人口は日本よりやや多いくらいですが、面積は、北海道の約2倍、国民所得は日本の50分の1、世界で最も貧しい国の一つです。初等教育が充分ではなく、国民の約半数が文字を書けません。たとえば、１００人小学校に入学したとして、義務教育5年間を修了できる子供は約半数の50人。その上の中等教育5年を修了できる子供は、たった4人です。１００人入学して、中等教育を修了できるのがたったの4人なのです。（この統計は、私たちがＡＣＥＦ運動を始めた１９９０年頃のことです。現在は幸いなことにはるかに改善されています。）

私たちの団体では、毎年、春と夏にスタディーツアーと言って、参加者を募って若い人も歳をとった人もバングラデシュでの体験旅行をしています。ある夏、こんなことがありました。ツアーに参加した女子大生が夜遅くに私を訪ねてきたのです。「先生、質問があります」「何ですか」「先生は、神は愛であると言いますが、それならば、こんなに貧しい人たちがこんなに苦しんでいるのを神はなぜそのままにしておられるのですか」。その女子大生は、昼間、子供に連れられて、その子供の家を訪ね、あまりの貧しさに、思わず息を呑むほどだったと言います。そしてそのことが頭から離れず、眠れなくて私を訪ねたというのです。

彼女は、大粒の涙をぽろぽろと流し、「なぜ神は」と私に迫りました。私は何と答えてよいかわかりませんでした。ただ一言、こう言うのが精いっぱいでした。「なぜ神がこういう現実を許しておられるのか、私にはわかりません。しかし一つのことだけは、はっきりしています。それは、このような貧しさを、このような苦しみを、神は『善《よ》し』としてはおられないということです」と。その時私は、神学校時代に学んだロシアの哲学者ニコライ・ベルジャーエフの言葉を思い出しました。「自分のパンの問題は物質的な問題だが、他の人のパンの問題は、私にとっては深く精神的、宗教的な問題なのだ」。

先ほど読んでいただきましたマタイによる福音書14章13～21節の五千人に食べ物を与えるという出来事は、弟子たちに、そして初代教会の人々に非常に強烈な印象を与えたようです。と言うのは、この出来事はイエスの奇跡物語の中で4つの福音書すべてに記されている唯一の物語だからです。マルコによる福音書6章31節によると、イエスと弟子たちは、忙しくて「食事をする暇もなかった」とあります。イエスは弟子たちに「さあ、あなたがたは、人を避けて寂しい所へ行って、しばらく休むがよい」(同)と言われました。ところが、弟子たちが舟に乗ってガリラヤ湖の向こう岸に行くと、群衆もいち早くそれを知り、彼らよりも先回りして対岸に来ていたのです。その群衆は、まさに飼う者のない羊のような有様でした。イエスは、大ぜいの群衆を見て深くあわれまれました。この「深くあわれむ」(34節)と訳されている言葉は、聖書が書かれた原語では、「はらわたが裂ける」という言葉です。そのような思いを持ってイエスは一人ひとりを御覧になり、いろいろと教えはじめられたのです。

聖書を読んでいくと、書かれている情景が眼前に現れてきます。病んでいる人々、身体の不自由な人々、さげすまれている人々、そのような人々の前に立たれるイエスがいます。私はバングラデシュに行き、イエスがあの山上の説教において「貧しい者は幸いである」と言われた言葉を初めて理解することができたように思いました。

それまでは、なぜ貧しい者が幸いなのかわかりませんでした。と言うよりは、とんでもないことだと考えていました。なぜ貧しいことが幸いなのか、と。しかし、バングラデシュの現実に接して、おぼろげながらその意味がわかってきました。なぜなら、貧しいゆえに彼らは分かち合う喜びを知っていたからです。今、多くの飼い主のいない羊の群れを前にして、イエスの口から出た言葉は、「あなたがた貧しい人たちは、さいわいだ」(ルカ6・20)という言葉なのです。その言葉以外にはないのです。すなわち、この言葉は「あなた方貧しい人々こそ神の祝福の中にいるのだ。神の祝福の中に生かされているのだ」という祝福の言葉なのです。その言葉以外に、イエスは、何と言うことができたでしょうか。

マタイ14章に戻りましょう。「夕方になったので、弟子たちがイエスのもとにきて言った、『ここは寂しい所でもあり、もう時もおそくなりました。群衆を解散させ、めいめいで食物を買いに、村々へ行かせてください』」(15節)。きわめて妥当な判断、常識的な判断です。自分のことは自分で責任を持ってもらいましょう。当たり前のことです。これに対し、イエスはどう答えられたでしょうか。「彼らが出かけて行くには及ばない。あなたがたの手で食物をやりなさい」(16節)。

「あなたがたの手で」です。これは深い言葉です。弟子たちは、一見きわめて理にかなった提案をしたのです。しかし、よく考えてみると、それは責任回避になっていたのではないでしょうか。それに対しイエスは、事柄を御自身の責任として受け取っておられます。

私がまだ高校生ぐらいの時、ある書物で「偉大な宗教家は、そこに病んでいる人、苦しんでいる人、重荷を担っている人がいると、それを自らの責任として受け取る」という言葉を読み、大きな感銘を受けたことがあります。ある聖書学者は、この箇所での弟子の言葉を次のように注釈しています。「人々が困難や苦難に出会っている時、それを知ってはいても行動をもって責任を取ろうとせず、その責任を他の人に押し付けようとする人がいる」と。

常識的な判断は、時として自らの責任を回避する道具として用いられかねません。さらに、マルコでは弟子たちは「わたしたちが二百デナリものパンを買ってきて、みんなに食べさせるのですか」（マルコ６・37）と言います。またヨハネでは、「二百デナリのパンがあっても……足りますまい」（ヨハネ６・７）と答えています。一デナリというのは、当時の労働者の一日分の給料でした。一人の労働者が２００日働いた分のお金で食べ物を買ったとしても、今ここにいる人たちに食べさせるには足りないでしょう。それは不可能ということですと語っているのです。

私たちもしばしばこのような立ち場に置かれます。バングラデシュで、アジアで、アフリカで、何十万、何百万の人が飢餓で苦しんでいます。それなのに私たちの持っているものはきわめて乏しい。問題解決はまったく不可能だ……。確かにそのとおりかもしれません。常識的な判断です。ヨハネ6章8〜9節には次のようにも記されています。「弟子のひとり、シモン・ペテロの兄弟アンデレがイエスに言った、『ここに、大麦のパン五つと、さかな二ひきとを持っている子供がいます。しかし、こんなに大ぜいの人では、それが何になりましょう』」。

大麦のパンとは、当時、最も貧しい人々の食べ物でした。パンの中でいちばん安く、いちばん粗末なものでした。二匹の魚も、おそらくは塩漬けされたものか干物でしょう。それは、貧しい子供のお弁当だったかもしれません。しかし「それが何になりましょう」と言うのです。ルカでは、「わたしたちにはパン五つと魚二ひきしかありません」（9・13）と言っています。確かに「しか」ないのです。子供の持っていたものは、硬いパン五つと干からびた魚二匹だけです。それを差し出したら、この子供は、少なくとも一食は食事なし、あるいは一日分の食べ物がなくなったかもしれません。しかし、その少年は自分の持っているものすべてをイエスに差し出しました。たとえ小さくても、またわずかなものであっても。イエスはその「しかありません」と言われたパンと魚をとり、神に感謝して人々に分け与えられました。この聖書の言葉は、私たちに何を語りかけているのでしょうか。

現在（1990年当時）、アジアで、アフリカで、1日1ドル以下で生活している人が13億人、日本の人口の10倍の人たちがいます。全世界で、国連で、最も真剣に論じられている問題は貧困の問題、富の分配の問題です。私たちは、聖書の真理は何か古めかしいものではないか、現代世界には通用しないのではないか、または教会という狭い社会でしか通じないのではないかと考えることはないでしょうか。とんでもないことです。私的なことで恐縮ですが、私は政府のODA（政府による対外的な開発援助）の審議会委員をしていたことがありました。そこで論じられていることは、富の分配、分かち合いの問題です。まさに、聖書の真理こそが21世紀の世界の最も重要な問題を繙《ひもと》く鍵となっているのです。

最後に私は「分かち合う」ということについて、JOCS（日本キリスト教海外医療協力会）からネパールに派遣された栄養士の桜井正恵さんの体験談を紹介します。

正恵さんは、首都カトマンズでネパール語の研修を受け、辺境の山奥に派遣されました。村長さんのところに挨拶に伺い、そのお宅に下宿させてくださいとお願いしました。村長さんは快く引き受けてくれましたが、一つ条件があるとおっしゃいました。それは、こんな山奥なのであなたが望むようなことは何一つできないでしょう。あなたがこの村の人たちと全く同じ生活をするというのなら、喜んでお引き受けしましょう、ということでした。もちろん承知しました。こうして正恵さんは、ネパールでの生活を始めました。山奥のことですから米は採れません。毎日出てくる食事は「ヒエ団子」です。日本で言えば、「ヒエ」というのは小鳥の餌でしょう。

しかし、その村長さんの家には、特別にうれしいことがありました。それは、時々「お米のご飯」が出てくるのです。正恵さんはそれが楽しみで楽しみで、その日の来るのを待っていました。

ある日、待ちに待ったお米のご飯の日が来ました。正恵さんは、朝からうきうき、その時を今か、今かと待っていました。ところが、目の前に出てきたご飯は、また、いつものヒエ団子だったのです。お膳に載せられた団子を見た正恵さんの目から、自然に涙が溢れ出てきました。それを見た村長さんの奥さんは、ああ、やっぱり正恵さんは日本人だ。ご飯が食べたいのだろう。しかし、家には米粒一つすらない。奥さんは、急いで遠く離れた隣の家までとんで行き、お米を借りてきてご飯を炊いてくれました。

ご飯が目の前に現れた時、正恵さんは、無我夢中でかぶりつこうとしました。が、ふと部屋の隅を見ると、9歳の女の子がじっと正恵さんを見ているのです。正恵さんは、あわてて「あなたもここに来て、一緒にご飯を食べない」と声をかけました。すると、その女の子はこう答えたのです。「お姉さん、私はもう9歳になったので我慢をすることができます。けれども、弟はまだ3歳で我慢をすることを知りません。スプーン一杯でいいから、そのご飯を弟にあげていただけませんか」と。正恵さんは、ハンマーで頭を殴られたようなショックを受けました。そして、急いでその姉弟を呼び寄せ、三人で一杯のご飯を分けて食べました。そのおいしさといったら、生涯の中でいちばんというほどのおいしさだったというのです。

現在、日本、そして世界が直面しているもっとも深刻な問題は何でしょうか。それは先述のように富の分配の不平等です。しかし現実には、富を独り占めしようとする風潮、哲学が、全世界に広がって世界を支配しています。これを根本的にひっくり返す、それは、聖書の原理しかありません。「共に分かち合う」、この真理しかありません。それは、イエスが十字架に架かり、私たちのために肉を裂き、血を流して示してくださった真理にほかなりません。この御言葉の真理に堅く立ち、確信を持って聖書の言葉を証ししていきましょう。

伝道なくして教会なし。世界は、聖書の真理を求めているのです。

第二部　十字架を高く掲げて

十字架を高く掲げて

マタイ16章21〜25節

２０２１年3月11日　東京神学大学卒業礼拝

パウロは、ローマの信徒への手紙1章16節において「わたしは福音を恥としない。福音は、ユダヤ人をはじめ、ギリシア人にも、信じる者すべてに救いをもたらす神の力だからです」と述べています。この神の「力」という言葉「デュナミス」がダイナマイトの語源であることは皆さまのよくご存じのことと思います。

私は１９６７年にベトナムを訪れて以来、何らかの形で東南アジアと関わりを持ってきましたが、その間、一つの課題が念頭を去りません。それはアジアにおいて、そして日本において福音は本当に「力」なのかということです。私は１９７６年にタイに行きましたが、タイのプロテスタント教会は、１９７８年に宣教１５０周年を迎えました。１９７６年の統計を見ると、プロテスタントの信徒数は５万８６４７人となっています。タイの総人口４１３３万人に対し０・１％強です。１５０年間の宣教を通して５万８０００人（現在は17万人ほど）とはいかにタイの地がいばらの地であるかがわかります。しかし問題は、そのようにキリスト者が少数であるということではありません。このタイの社会に教会が、そして福音が語りかけていくところのメッセージを持っているのかということです。

19世紀に欧米の教会は世界各地に宣教師を送り、福音の宣教に努めました。その記録を読んでみると、それはただただ驚きというほかありません。しかし、現在はどうでしょうか。世界的に宣教師の数は減り、低迷しています。なぜでしょうか。もはや教会は、語るべきメッセージを持っていないのでしょうか。社会に切り込んでいく力を持っていないのでしょうか。教会は何をもって、この社会にチャレンジしていくことができるのでしょうか。

タイの社会を例にとって考えてみましょう。タイのある学者によると、タイ人は次のような価値観を持っているとのことです。すなわち、タイ人は皆「チャオナーイ」になりたがっているというのです。チャオナーイとは何かというと、日本語に訳せば「高級（貴族）官吏」

ということ、もっとくだいて言えば「マスター」ということです。その意味を具体的に言うと、①社会的地位の高い人、②肉体労働をしない人、③従者を連れている人、④金銭に出し惜しみをしない人、などです。タイ人が子弟に教育を施すのも、ひとえに、このチャオナーイになってほしいからだというのです。しかし考えてみると、このような欲望はなにもタイ人に限らず、一般的な人間のありさまと言えるかもしれません。では、このようなありさまの中で教会は何を語るべきでしょうか。

マタイによる福音書16章21節には次のような御言葉があります。「このときから、イエスは、御自分が必ずエルサレムに行って、長老、祭司長、律法学者たちから多くの苦しみを受けて殺され……」。

イエスは多くの民衆を教え、病める者を癒やし、苦しむ者の友となり、弟子たちを教え、諭し、福音を宣《の》べ伝えました。そして、いよいよ最後の時が来たので、御自分がエルサレムに上って十字架につけられることをお示しになったのです。私たちがここで注意したいことは、この受難告知が、ペトロのキリスト告白の直後になされていることです。すなわち、16章16節「あなたはメシア、生ける神の子です」という告白です。ペトロはここでイエスを

「神の子キリスト」と呼んでいます。キリスト・救い主・王である、と。

この「王」という言葉を聞くと、私はタイの王様を思い起こします。タイにおいてはあらゆる集会、映画館、音楽会、卒業式において、まず初めに「国王讃歌」が歌われます。その間、すべての人は直立不動です。国王は最高権威者であることを、いやがうえにも知らされます。ペトロの告白によれば、イエスはそれにも勝る王の王、主の主です。しかし今、その「王様」が十字架にかけられるというのです。これではペトロならずとも「主よ、とんでもないことです。そんなことがあってはなりません」（22節）と言うでしょう。

ペトロはイエスを脇へ引き寄せていさめ始めました。この「いさめる」という言葉は、原語で「叱る」とか「警告する」という意味です。ペトロにとっては、イエスが十字架につけられるということは全く考えられないことでした。栄光を受けるべきお方が十字架につけられるなどということは、まさにあってはならないことでした。

私たちはキリスト教とか福音とかいう言葉を聞くと、どのようなことを連想するでしょうか。私がタイで経験した一つのことを紹介したいと思います。私はタイに着いてすぐタイ語を学ぶために語学学校に行きました。先生は50年輩の女性でしたが、彼女は自分が、あるカトリック名門校の出身であるということを、ことあるごとに自慢していました。その学校は、かつては貧しい子供たちのための学校であったのですが、今では大変な名門校で、登下校の際には校門にベンツがずらりと並び、交通渋滞を起こして困ると言われるほどでした。彼女はこの学校の出身であることを誇りに思い、授業中何度もそのことを話すのです。彼女にとってキリスト教とは文化的に高いもの、高い地位を約束してくれるものでしかないように思われました。

もちろん、そのこと自体が悪いことであるとは思いません。しかしもし彼女に、「キリスト教はタイ語でコンチャーイ（お手伝いさん、僕《しもべ》）になることを教える学校なのですよ」と言ったなら、彼女はどう言うでしょうか。「とんでもない、そんなはずはありません」と答えるでしょう。

これと似たようなことが、マタイによる福音書に記されています。20章20節以下の「ヤコブとヨハネの母の願い」です。この物語もイエスが三度目に死と復活を予告した後に記されています。同じ物語を記すマルコによる福音書によれば、母はイエスに「（あなたが）栄光をお受けになるとき、わたしどもの一人をあなたの右に、もう一人を左に座らせてください」（10・37）と願ったといいます。マタイの「おっしゃってください」（20・21）とは、「約束してください」ということです。これは子を思う母親の心でしょう。後撰集の藤原兼輔《ふじわらのかねすけ》の歌に「人の親の心は闇にあらねども子を思ふ道に惑ひぬるかな」というものがあります。母が子を思う心には切なるものがあります。しかし、実はここにこそ土着のもの、アジアが抱えている問題、いや、人間全体を覆っている問題があるのです。

イエスは言われます。「あなたがたは、自分が何を願っているか、分かっていない」（マタイ20・22）。彼らは、イエスが栄光をお受けになるという意味がわかっていなかったのです。このわかっていないという点においては他の一〇人の弟子たちも同様でした。彼らは「この二人の兄弟のことで腹を立て」（24節）たとありますから。そこでイエスは次のように言われました。「あなたがたも知っているように、異邦人の間では支配者たちが民を支配し、偉い人たちが権力を振るっている。しかし、あなたがたの間では、そうであってはならない。あなたがたの中で偉くなりたい者は、皆に仕える者になり、いちばん上になりたい者は、皆の僕になりなさい」（25〜27節）。

ヤコブ、ヨハネの母は、息子たちがチャオナーイになることを望んでいました。イエスは言われます。「確かにチャオナーイになる道を教えよう。しかし、私のチャオナーイになる道は、十字架なのだ」と。私たちもまたチャオナーイになることを望んでいるのでしょうか。そしてペトロと同様に「主よ、とんでもないことです。そんなことがあってはなりません」と言おうとしているのでしょうか。イエスは、はっきりとおっしゃいます。「わたしについて来たい者は、自分を捨て、自分の十字架を背負って、わたしに従いなさい。自分の命を救いたいと思う者は、それを失うが、わたしのために命を失う者は、それを得る」（マタイ16・24〜25）。

私は最後に、この言葉が現実となった実話を紹介したいと思います。第二次世界大戦が終わりを迎えるころ、日本軍は補給路を確保するためにタイとミャンマー（当時のビルマ）を結ぶ泰緬鉄道を連合軍の捕虜を使って造ります。熱帯のぎらつく太陽のもと、その労働は苛酷を極めます。満足な食事も与えられず、熱帯病にかかった者にも薬品はなく、次々と死んでいきます。そのうえ、お互い同士の信頼は失われ、死体から物を盗み、収容所は地獄と化します。しかし、こうした中で一つの奇跡が起こります。

「ひとりのオーストラリア軍の兵士の死がそのひとつだった。彼は重病の友人たちのためタイ人から薬を手に入れるため収容所柵外へ出て捉えられた。即決裁判で死刑にきまった。（中略）オーストラリア兵は自分の部隊長と従軍牧師を証人として同行させる許可を得ていた。いよいよ処刑場に着いた。部隊長と従軍牧師は片側へ寄るように合図された。オーストラリア兵はたったひとりでそこに立たされた。彼は落着きを保っていた。ゆっくりと死刑執行者の顔を眺めていた。やがて、小型の新約聖書をぼろぼろのショーツのポケットから引っぱり出した。（中略）どの一節を読んだのであろうか。それは誰も知ることがないだろう。しかし、私には、その個所が弟子たちに語った次のイエスの言葉ではなかったかと思われてしかたがない。最後の夕餉《ゆうげ》の席で言われた言葉である。『なんじら心を騒がすな、神を信じ、またわれを信ぜよ。わが父の家には住処《すみか》多し。（中略）われ平安を汝らに遺《のこ》す、わが平安を汝らに与う。わが与うるは世の与うるごとくならず、汝ら心を騒すな、また懼《おそ》るな。』（ヨハネ14章1〜3、27節）彼は読み終えると、その新約聖書を、またポケットへ戻した。（中略）そして死刑執行人に対しうなずいて合図をした。（中略）日光にサムライの刀がきらりと光った」（アーネスト・ゴードン著、斎藤和明訳『死の谷をすぎて——クワイ河収容所』音羽書房）。

この一人の死が、収容所全体を生命へと変えました。自己犠牲のまばゆい行為の火花が飛び散って、死にかかっていた生命がよみがえったのです。「自分の命を救いたいと思う者は、それを失うが、わたしのために（隣人のために）命を失う者は、それを得る」。この御言葉が、この収容所において成就されたのです。

私たちはなおも「主よ、とんでもないことです。そんなことがあってはなりません」と言うのでしょうか。それとも、これは特殊な事情で、私たちとはあまりにもかけ離れていると言うのでしょうか。イエスは言われます。「おのおの自分の十字架を負って私に従いなさい」。私たちにとって自分の十字架とは何でしょうか。イエスに従う者として、この十字架以外の道があるのでしょうか。キリストの教会は、この二千年の間十字架を宣《の》べ伝えてきたのです。この十字架のほかに、アジアの、そして日本の社会に切り込んでいくメッセージはないのです。

私の恩師、隅谷三喜男先生は16歳の時、こう祈ったとその自叙伝に書いておられます。

「キリストは十字架の一部を負って歩めと私たちを召してい給う。私は苦難の下にある人々のことを思わず、自己の安楽のみを求めているのではないか。日本を救い得る力は、人の子が苦しんでいる人々のために負われた十字架に示される愛の外にないのではないか。（中略）

彼が示したように、どんなことがあろうと、十字架から顔をそむけることのない勇気を、私に与えてください！　そして、愛する祖国の危機に際しては、重い十字架を背負うことのできる者にしてください」（隅谷三喜男『激動の時代を生きて』岩波書店）。

十字架を信じるということは、十字架を仰ぐ者のみならず、十字架を背負う者となることです。なぜならば、イエスは私たちに対し「自分の十字架を背負って、わたしに従いなさい」とおっしゃっているのですから。

私たちは、マタイ20章29節以下に記されている二人の盲人と共に次のように願うほかありません。「主よ、目を開けていただきたいのです」。

志の信仰　フィリピ2章12〜18節

2020年3月5日　東京神学大学卒業礼拝

本学の創立者、植村正久先生は、御自身の信仰は「志の信仰」であると言われ、そして、パウロの信仰もまた「志の信仰」であると言っています。

この「志」という言葉は、先ほど読んでいただきましたフィリピの信徒への手紙2章13節の文語訳「神は御意《みこころ》を成さんために汝らの衷《うち》にはたらき、汝等をして志望《こころざし》をたて、業《わざ》を行はしめ給へばなり」の「志望」（しぼう・こころざし）から採られたものです。明治期におけるキリスト教会では、よくこの「志」という言葉が用いられていたようで、同じ志を持つ者としてお互いを「同志」と呼んでいました。

では「志」とはどのようなものでしょうか。私の恩師、北森嘉蔵先生は次のように譬えておられます。

「ある時、渡り鳥が群れをなして北へ北へと飛んでおりました。ところがどうしたことか、そのうちの一羽が群れからずっと遅れてしまいました。しかし、その遅れた一羽は、なおも、はるか離れた群れを追って懸命に北へ北へと飛び続けます。が、しばらく飛んで行くうちに精魂尽き果てたのでしょうか、ついにばったりと地に落ち死んでしまいました。……幾日か過ぎました。……その落ちた鳥の内臓にはウジが湧いてきました。ウジは内臓を引き裂いて辺り一面に広がりました。……ところがよく見ると、何とその一面に広がっていると思われたウジが、一筋になって北へ北へと懸命に這っているのです」

何とも凄まじい話ではありませんか。「志」とはこのようなものです。植村先生は、「信仰は志なり」と申しました。それはすなわち、信仰とは「いちず」であり、ただ「ひたすら」でなければならないということを言ったのであろうと思います。私たちは、ここに信仰者としての生きざまの根底に流れているものを見るのです。

それでは聖書は「志の信仰」についてどのように述べているのでしょうか。三つの「志」

について御言葉に聞いてまいります。

第一は12節です。「だから、わたしの愛する人たち、いつも従順であったように、わたしが共にいるときだけでなく、いない今はなおさら従順でいて……」

「志の信仰」の第一は「従順」ということです。この「従順」と訳されている言葉を原語で見ると、本来の意味は「注意深く聞く」で、そこから派生して「服従する」という意味となりました。パウロはローマ10章17節において「信仰は聞くことにより、しかも、キリストの言葉を聞くことによって始まる」と述べています。パウロによれば、信仰とは神の言葉を聞くことなのです。そして、神の言葉を聞くこととは、同時に神の言葉に聞き従うこと、すなわち「服従する」ことです。「志の信仰」とは、まず神への徹底した服従と言うことができます。ここで訳されている「従順」などというニュアンスではなく、「服従」です。神の言葉に聞き、徹底して神に服従することです。

この「服従」という言葉を聞く時、私は近世初頭における修道院運動を思い起こします。とりわけ、かのイエズス会を創設したイグナティウス・デ・ロヨラを思い出します。彼とその同志たちは「Ad majorem Dei gloriam（より大いなる神の栄光のために）」という旗印を掲げ、徹底した神への服従をもって地の果てまで出かけて行ったのです。たとえそこで一命を落とすようなことがあったとしても、神の言葉を携えて宣教に邁進していったのです。そしてその神への徹底した服従が、イエズス会の一員であるフランシスコ・ザビエルをして、幾多の苦難を乗り越えさせ、我が国に最初に福音をもたらす者としたのです。

神の言葉への絶対的服従ということは、もう一面において、神の言葉以外の何ものにも服従しないということです。宗教改革者ルターは、ウォルムスの国会に召喚され、神聖ローマ帝国皇帝カール五世の前で福音主義信仰を表明し、帝国の罪人と断罪されたにもかかわらず、彼の信じる神の言葉への服従をやめようとはしませんでした。「志の信仰」の第一は、このような神への服従です。

第二に、パウロは同じく12節の後半で次のように言っています。

「恐れおののきつつ自分の救いを達成するように努めなさい」。私たちはよく、「救いは己の業《わざ》によらず、ただ神の恵みによって」と言います。パウロも繰り返しそのように語っています。確かにそれは聖書の伝える真理であることに間違いありません。しかし、それが真理であるがゆえに、私たちはしばしばその真理の落とし穴に落ち込み、しかもその中で安住してしまうのです。己がなすべき業を忘れるのです。私たちの信仰はこのようにして、現状維持どころか眠りにおちいってしまうのです。しかしパウロはここで、「自分の救いを達成するように努めなさい」と言っています。「恐れおののきつつ」と。

「恐れおののく」という言葉は、恐怖のために身がガタガタと震えるという意味です。それほどの真剣さをもって「己の救いの達成に努めなさい」と言うのです。この御言葉の前に立たされる時、私たちは己の不真実不誠実に思わず戦慄を覚えざるを得ません。しかしもちろん、聖書はその救いの達成が己の努力のみによるなどと言っているのではありません。ここに志の第三、最も重要な「志」があると聖書は告げます。

13節。「あなたがたの内に働いて、御心のままに望ませ、行わせておられるのは神であるからです」

すなわち神の志です。人の志以上の志です。私たちの生活、大きくは世界の歴史、そこには人の志以上の志、すなわち神の志があるのです。神は歴史を通じ、創造、契約、十字架、復活、再臨と、その御計画をお示しになられました。私たちの救いもまた、その神の御計画、すなわち神の志の中にあり、その志の働きかけにより私たちの志が起こされるのです。私たちの救いの達成も究極的には、この神の志によってなされるのです。

最後にパウロは信仰の究極的な到達点である「終わりの日」と「喜び」について述べます。パウロは今、人生の競技場を走っています。その目は、はっきりと一つの時点を見つめています。言うまでもなく「キリストの日」（16節）です。裁きの日であり同時にキリストの恵みが最後の勝利を得る日、私たちの救いが完成する日です。そしてその日には「自分が走ったことが無駄でなく、労苦したことも無駄ではなかった」（同節）ということを知ることができると確信を持っています。今、この手紙を書いているパウロは獄に捕らえられ、明日にでも引き出されて死刑になるかもしれないのです。しかし、たとえ死刑になったとしても、また「たとえわたしの血が注がれるとしても」（17節）、それは、祭壇の香ばしい香りとなることであって、むしろ『喜び』であると語ります。志の信仰の究極は「喜び」なのです。パウロは4回も繰り返して「喜ぼう」と言っています。志の信仰を貫き通した者の喜びです。内から溢れ出る喜び。一つのものの上に堅く立ち、いのちの言葉を堅く保って生き抜いた者の喜びです。志の信仰に生きた者のみが知る喜びです。

最後に、14節に戻ります。「すべてのことを、つぶやかず疑わないでしなさい」（口語訳）。

聖書は何と適切に私たちの状況を映し出しているのでしょうか。

私たちは時に、現在の自分が神の御計画、神の志、神の摂理の中にあるのだということを信じられなくなります。皆さんは志を立て、神学校に入学し、今、また志を持って教会に赴任されようとしています。しかし、教会に赴任し、10年、20年、いや生涯をかけて伝道に励んでも、「いわゆる」伝道の成果が上がらない、一人の受洗者も出ない、それどころか、高齢の方々が亡くなり、教会に集う方々が次第に少なくなっていくという現実に直面することがあるでしょう。眠れぬ夜が続き、涙で枕を濡らす時もあるのです。自分ははたして伝道者として神に召されているのだろうかと、深刻に考える時もあるのです。しかしその時に思い出してください。自分の志ではなく、「神の志」があるということを。そこにこそ、伝道者が神によって「生かされて生きる」道があるのだということを。

我が国籍は天に在り　ピリピ3章20節、Ⅰペテロ2章1～12節（口語訳）

1976年4月25日 ＩＣＵ（国際基督教大学）教会

先週の主日はイースターで、私どもの教会でも6名の方が洗礼を受け、キリストの群れに加えられました。新たに洗礼を受けた方々を護り育てるのはもちろん神ですが、代々の教会がしてきたように、それはまた教会の責任でもあり、私たちキリスト者一人ひとりの責任でもあります。

本日の聖書箇所ペテロの第一の手紙2章2節では「生れたばかりの乳飲み子のように」と述べ、新たに信仰に導かれた人々を「乳飲み子」に譬えています。これは実に印象的な譬えでして、生まれたばかりの幼子が母親に抱きかかえられ、安らかに乳を吸っている姿が誰の目にも鮮やかに浮かんできます。そして、その乳飲み子は「混じりけのない霊の乳」（同節）を飲んで成長します。「混じりけのない霊の乳」というのは、言うまでもなく「神の言葉」そのもの、すなわち聖書そのもののことです。私たちを究極的に生かしめるものは神の言葉をおいてほかにはありません。その神の言葉によって私たちは「育ち、救に入るようになる」（同節）のです。

さて、それではそのようにして神の言葉で新たに生まれ変わった者は、どのように生きるべきでしょうか。私たちは今朝、このテキストから三つのことを学びたいと思います。話を進めていく上で、テキストの後ろの方から見ていきましょう。

第一に、ペテロの第一の手紙2章12節「異邦人の中にあって、りっぱな行いをしなさい」です。

異邦人と言うのは、ギリシャ語でもヘブル語でも「諸国民」「神の民でない人々」という意味で、この聖書箇所を現代風に言い換えれば「一般社会の中でりっぱに生活しなさい」ということです。こう言うと、私たちの大多数は直ちに拒絶反応を起こすでしょう。「私たちにはりっぱな行いなどは到底できない」と。確かにそのとおりかもしれません。この言葉を単に道徳的に理解するならば、私たちは「りっぱな行い」などとてもできないでしょう。私たちは罪人であり、罪人なるがゆえにイエスは十字架にかかって私たちをお救いくださったのです。そしてこの救いにはいかなる業《わざ》、善《よ》い行いをも要しません。それゆえに「福音」なのです。「救いは善き業によらず」。パウロは繰り返し、このことを述べています。

しかし、それでは救われた者、神の赦しを得た者は、その後何もしなくてもよいのでしょうか。改革者ルターは、その当時のカトリック教会の「善き業」についての考えに反対して「ただ信仰のみ」を強調した人ですが、そのルターが次のような意味のことを言っています。「神がキリストを通して我々を値なしに助けたもうたように、我々もまた身体とその行いとによって隣人に助けを供することのほかに何をもなすべきではないのである」。ここでルターは、キリスト者の行いを神の愛への応答と位置付けています。すなわち「りっぱな行い」というのは、神の愛、神の赦しに対する感謝の表れなのです。

続いてさらに、このテキストに沿って「りっぱな行い」ということの意味を考えてみましょう。11節後半「たましいに戦いをいどむ肉の欲を避けなさい」。この「肉」という言葉は新約聖書によく出てくる言葉で、罪の支配下にある、また神の意志に反逆する悪い欲情といった意味です。

この「肉」についてパウロは実に意味深いことを言っています。コリント人への第二の手紙10章3節に「わたしたちは、肉にあって歩いてはいるが、肉に従って戦っているのではない」とあります。この「肉にあって」を英語の改訂標準訳聖書（RSV＝Revised Standard Version）では「わたしたちはこの世の中に生きているが」と訳しています。他方、「肉に従って」というのは、肉を「根拠として」とか「基準にして」という意味です。パウロが言っていることは、キリスト者はこの世の中に生きている限り必然的に「肉」、すなわち「罪」にまとわりつかれているのだが、「肉を基準として信仰の戦いを戦っているのではない」ということです。11節後半の「たましいに戦いをいどむ肉の欲を避けなさい」も同様のことを、強調点を変えて言っているのです。それゆえ、ここにおける「りっぱな行い」というのは、その中に「たましいに戦いをいどむ肉の欲を避ける」戦いを含んでいるのです。

さて、それではこの「りっぱな行い（生活）」を生み出すエネルギー源はどこにあるのでしょうか。

ここから第二の問題に入ります。ペテロの第一の手紙2章11節に「あなたがたは、この世の旅人であり寄留者であるから……」とあります。この箇所によれば、私たちが「旅人」であり「寄留者」であるということが「善き業（りっぱな行い）」を生み出す源泉だというのです。これはどういうことでしょうか。ルターはまた、このような意味のことも言っています。「誡めは我々に種々の善行を教え、かつ規定するが、それだからとて、そのとおりになるのではない。誡めは指令するが助力しない。何をするべきかを教えるが、実行する力を与えない」。善き業をなすべきであるということを何十回繰り返し言ったとしても、それが善き業を生み出すことにはなりません。この誡めということをもう少し広く解釈して、「知識」としても同様です。知識がいかに増しても善き業を実行する力にはなり得ません。私たちのよく知っている「善きサマリア人」の譬えのとおりです。

ここ数年来、社会に対する教会の奉仕、責任が強く叫ばれています。しかし、そのように叫んでいれば自ずと教会から奉仕者が生み出されるのかといえば、答えは否です。それでは、善き業、隣人への奉仕へと向かわせる力はどこから生まれるのでしょうか。それは「天から」なのです。天、すなわち神の御座からです。そして、この天からの力を信じることが信仰なのです。キリスト者の溢れるばかりのエネルギーは、ただ信仰からのみ出てくるのです。

これはきわめて不思議なことです。私たちが、この地上におけること、この世の問題に真剣に取り組もうとする時も私たちの目がこの世に向けられているならば、この世に仕えることはできないのです。私たちがこの世のことにまとわりつかれ、この世の中に物事の判断基準を置いているなら、この世に奉仕することはできません。

歴史学者のエルンスト・トレルチが興味深いことを言っています。彼は、ルネサンスと宗教改革を比較して、現世肯定的なルネサンスの教養主義は、結局、権力寄生的存在たらざるを得ず、歴史形成力となり得なかった。それに反し、現世否定的な「禁欲」というエートス（倫理的精神）を持ったプロテスタンティズムが歴史形成の根源的動因として、すぐれて生産力的エートスとなったと。これは歴史のアイロニー（皮肉）であり、逆説です。現世肯定的なものが歴史を形成していく力とはなり得ず、現世否定的なものが、かえって歴史形成力を持ったということは歴史の皮肉というほかありません。このように、歴史は、それ自体に救いを持たないのです。

パウロは言います。「わたしたちの国籍は天にある」（ピリピ３・20）。そうです。私たちの目を天に向け、私たちの真の故郷は天にあると告白する者のみが、まことにこの世に仕え、異邦人の中にあってりっぱな行いをすることができるのです。「あなたがたは、この世の旅人であり寄留者である」とは、このことを指しているのです。

しかし、ある人たちはこう言うかもしれません。「私たちの目や心はいつも地上のものに向けられがちなのです」。ここに第三の学びが出てきます。ペテロの第一の手紙2章9節に「あなたがたは、選ばれた種族、祭司の国、聖なる国民、神につける民である」とあります。

第三の学びとは神の「選び」のことです。聖書における「選び」は、パウロが述べているように神が主体です。私たちの状態がどうあろうと、神が選んでくださったのです。コリント人への第一の手紙1章27節においてパウロは次のように述べています。「神は、知者をはずかしめるために、この世の愚かな者を選び、強い者をはずかしめるために、この世の弱い者を選び」と。

神の選びは人間の力とか正しさとか能力に基づいてなされるものではありません。また、信仰者は神によって選ばれているがゆえに自分で自分を判断することすらしません。そして神は選びにおいて私たち一人ひとりに、また選ばれた者の群れである教会に大きな使命を授けておられます。ペテロの第一の手紙2章9節後半「それによって、暗やみから驚くべきみ光に招き入れて下さったかたのみわざを、あなたがたが語り伝えるためである」。選ばれるということは使命を与えられるということです。神は全世界を救うという救済の歴史の御計画を持っておられます。私たちはその一端を担う使命を与えられています。今こそ私たちが神の国建設に参加することを求められているのです。

神に選ばれ、国籍を天に持つ者として、目を天に向け、神の憐れみを受けて異邦人の中にあってりっぱな行いをしようではありませんか。

癒やしがたき嘆きと主に在る喜び

Ⅱコリント1章3〜7節（口語訳）

1966年3月13日　聖和教会

本日は「苦難」について御言葉より学びたいと思います。

さて、この苦難、苦しみについては、世界のあらゆる宗教が――もしその宗教が人生のありのままの姿を鋭く見つめるものならば――これをどう理解し、解決したらいいのかという問題意識から始まっているといってもいいかと思います。皆さんがすでにご承知のように仏教もまた、この苦難よりの解決をその出発点としています。

――ある時、仏陀は弟子である比丘《びく》たちにこう言われます。「比丘たちよ、なんじらは、これを、どう思うだろうか。四つの大海の水と、なんじらが、ながいながい過去のいく生涯のなかで、愛《いと》しい者との別離にそそいだ涙と、どちらが多いであろうか」。比丘たちは答えて言いました。「大徳《だいとく》よ、わたしどもは、世尊のつねづね説きたもうた教えによって、わたしどもが、ながいながい過去のいく生涯において、愛しい者との別離のうえにそそいだ涙の量は、四つの大海の水をもってするも、なおその比ではないと心得ております」。

するとと仏陀は、その答えに満足して「よいかな、比丘たち。よいかな、比丘たち。なんじらは、わたしの説いた教えを、そのように理解しているか。比丘たちよ、われらは、ながいながい過去のいく生涯において、いくたびか、わが父母の死にあったはずである。（中略）わが血縁のものの死にもあったにちがいない。そのたびごとに、わたしどもが、愛しい者とのわかれの悲しみにそそいだ涙は、思うに、四つの大海の水をもってするも、なおその比にあらずとしなければならない」（増谷文雄『仏教百話』筑摩書房）と言いました――

この仏陀と比丘との会話は、仏陀出家の課題が人生の「苦」にあったことを意味しています。仏陀は苦しみを「生・老・病・死」の四つに分け、人間が無明《むみょう》（無知）であることがその原因であり、因果（原因と結果）を知ること、この原因があるからこの結果が生まれることを悟ること、すなわち正覚《しょうがく》することによって苦を脱することができると説きます。

確かに、仏陀の教えには深い真理がありますが、それでは現実の人生を振り返ってそのような合理的な理屈だけで「苦」が乗り越えられるでしょうか。一家の大黒柱が病気になり収入が途絶え、真っ暗闇の中に突き落とされた家庭、愛する者と死別して悲嘆にくれている人、事業に失敗して苦しんでいる人。このように、切れば血がしたたり落ちるような現実の中にあって、原因があるから結果が生じたのだなどと言っていられるでしょうか。キリスト教的ではない言い方かもしれませんが、他の人が苦しんでいるのなら、他人の肉親が死んだのなら、そのように解釈することもできるかもしれません。しかし、自分の母が、自分の肉親が亡くなった時、もし誰かが「それも因果だ」などと言ったなら、その人を殴り倒してしまうのではないでしょうか。

私事で恐縮ですが、私は8歳の時に母を亡くしていますので、その苦しみがどんなに深く、また長く続くかということを知っています。それほど私たちの人生における苦しみは深いものなのです。日本の教会の礎を築いた大先輩の植村正久先生が、御自身の肉親が殺人犯であったという生涯の重荷を負っておられたという話を聞き、深く考えさせられたことがあります。先生の著作集のどこを見てもそのようなことは一言も書いてありません。それほど苦しみは大きかったのだと思います。普通の苦しみならば人に話して半分に減らすこともできるでしょう。しかし、人生には誰にも話せない「癒やし難き苦しみ」があるのではないでしょうか。

それでは、人はどうすればこの苦しみから脱することができるのでしょうか。クリスチャンになれば、これらの苦しみはきれいさっぱりとなくなるのでしょうか。信仰を持てばすべての問題はなくなるのでしょうか。もしそうだと言う人がいたら、私はその人を疑わざるを得ません。と言うよりは、私自身はそうではないと率直に告白せざるを得ません。

キリスト教信仰は、信じたらすぐすべての問題が解決され、苦しみなどなくなるものでしょうか。福音とは、そんなに人生の現実とかけ離れたものなのでしょうか。そうではありません。福音こそ私たちの現実の姿を余すところなくえぐり出すものにほかなりません。パウロもローマ人への手紙8章23節で次のように言っています。「御霊の最初の実を持っているわたしたち自身も、心の内でうめきながら、子たる身分を授けられること、すなわち、からだのあがなわれることを待ち望んでいる」。文語訳では「心のうちに嘆きて」となっています。私たちは「すでに」神の子とされていますが、最後の日が来るまでは「いまだ」救いが完結されず、すべての問題が解決されたとは言えないのです。「実に、被造物全体が、今に至るまで、共にうめき共に産みの苦しみを続けている」（22節）のです。

それならば、福音を信じている者も、信じていない者も苦難において変わりはないのか。そう問われるならば、私はそれも否と答えざるを得ません。ここに一つの実例を紹介したいと思います。それは、私の神学校時代の学友のことです。

当時の神学校ではよくあったことですが、彼は家族の反対を押し切って神学校に来ました。奨学金をもらいながらも学費、生活費などの多くを自分で稼ぎ出さなければなりませんでした。それだけなら他の人も行っていることですが、加えて一つの大きな悩みがありました。それは家に残してきた定年近い父と年老いた祖母、弟と妹のことです。自分が神学校に来たために家族の者が苦しむということはとても辛いことでした。他の人に救いの道を説きながら、自分の家族を苦しめるということは耐えられないことでした。

しかし、それでも六年間の学生生活を何とか切り抜けました。その間、家族のいろいろな問題に悩まされ続けたのですが、ともかくも卒業の年になったのです。ところが、彼が卒業論文を書き始めたころ大変なことが家族に起こりました。父が病気になり、それが理由で会社を辞めさせられてしまったのです。さらに、二年越しで高利貸から借りた借金があるということがわかりました。彼は茫然としてしまいました。しかもその借金が病気のためではなく、父が競馬をしたためとわかり、怒りもこみ上げてきたのです。しかし、考えていてもどうすることもできません。仕方なく、当時、時給が最も高かった新宿のキャバレーで働いて仕送りをすることにしました。

冬の寒い夜、夜中の12時に仕事を終えて電車に乗り、吉祥寺から井の頭公園を歩いて寮に帰りました。歩きながらしきりに運命ということを考えました。「俺がこんなに苦しまねばならないのはなぜだろう。世の中にはもっと楽に、結構楽しく過ごしている人もいる。いや、神学校の中でさえ親からお金を送ってもらって、今頃、勉学に励んでいる学友もいる。それなのに、なぜ俺だけが一人、このように苦しまなければならないのだろうか」と。夕食を食べるために食堂に行きました。食器棚には冷えてカチカチになってしまったご飯と、アルミのお皿に盛ったコロッケが二つ、わずかのキャベツがありました。食前の感謝の祈りをしようと頭を下げたのですが、どうにも祈りが出てきません。しばらく、黙って頭を下げていました。

すると突然、彼の前に十字架にかかられた主イエスのお姿が現れたというのです。それは見るも無残なお姿でした。その時、彼は自分の苦しみの意味がわかったように思えました。そして聖フランシスとレオの物語を思い出しました。それはこんな物語でした。

ある寒い夜、聖フランシスと兄弟レオは、サンタ・マリア・デリ・アンヂェリという修道院に向かって歩いていました。途々聖フランシスはレオに向かって地上で完全な喜びはどこにあるかを次のようなやりとりで教えました。

「兄弟レオよ。たとえわれらが、すべての言葉とすべての学術と、すべての奥義とに達するとも、また、たとえわれらが天使の言葉を語り得るとも、またもろもろの星の運行と、植物の力を知るといえども、または地上の一切の財を示され、鳥と魚とのすべての動物と、人と樹木と岩と根、および水との性質に通ずるとも、この中には完全な喜びはない」。そこでレオは問いました。「それでは、完全な喜びはどこにあるのですか」。すると、聖フランシスはこう答えました。「われらが、雨に濡れ、寒さに凍え、泥にまみれ、飢えに死せんばかりとなり、サンタ・マリア・デリ・アンヂェリに着き、そして門をたたいた時、門番が私たちを悪党と誤って戸をあけてくれず、いくら頼んでも中には入れてくれず、ついには、雪と雨とに凍えさせ飢えさせたまま夜まで放置しようとも、もしわれらが謙遜と大慈悲をもって神が彼を通じてこのように語らしめたもうたと考え、すべてを愛において抱擁するならば、おおレオよ。このうちにこそ本当の喜びがあるのだ」。

使徒パウロは、ピリピ人への手紙1章29節において次のように述べています。「あなたがたはキリストのために、ただ彼を信じることだけではなく、彼のために苦しむことをも賜わっている」。

コリント人への第二の手紙1章4〜5節にも次のような御言葉があります。「神は、いかなる患難の中にいる時でもわたしたちを慰めて下さり、また、わたしたち自身も、神に慰めていただくその慰めをもって、あらゆる患難の中にある人々を慰めることができるようにして下さるのである。それは、キリストの苦難がわたしたちに満ちあふれているように、わたしたちの受ける慰めもまた、キリストによって満ちあふれているからである」。

苦しみの中にあっても、慰めが満ち溢れるのです。そしてキリストの愛の光に照らされるならば、パウロの言うごとく「召された者たちと共に働いて、万事を益となるようにして下さる」（ローマ8・28）のです。今週も、神の導きによって感謝の生活が送れますように。

わたしに倣う　フィリピ3章17節〜4章1節

本日の説教題を「わたしに倣う」と付けましたが、それは17節の「わたしに倣う者となりなさい」から採りました。

口語訳聖書では「わたしにならう者となってほしい」となっており、文語訳も「我に效《なら》ふものとなれ」ですので、明らかに「我に倣え」ということですが、これではちょっときつすぎるかなということで「わたしに倣う」という少しやさしい題としました。

「我に倣え」という言葉で、私たちがすぐ思い出すのは、トマス・ア・ケンピスの『キリストに倣いて――イミタチオ・クリスチ』（由木康訳）という書物ではないでしょうか。ここに私が持ってきたのは角川文庫版ですが、岩波文庫にもある大変有名な本です。この書物は、かつては世界中において聖書に次いでよく読まれたと言われていましたが、最近ではキリスト教会の中でもあまり読まれていないようです。すばらしい書物なので、その内容の一端を紹介します。

第1章7節「もし自分が謙遜を欠き、そのため聖なる三位一体の神の御心にそむいたとするならば、三位一体について深い知識をもち、またそれを論じたとしても、なんの益するところがあろう」。9節「私は罪の悔改の定義の仕方を知るよりも、むしろそれを実感したい」。10節「たといわたしが聖書の全部とあらゆる哲学的教理とをそらんじたとしても、神とその恵みとを愛する心がなかったならば、なんの益があろう」。

要するに、神学的知識より愛に基づく行い、在り方が重要であるということを実に深い言葉で述べています。ここで、ア・ケンピスは「キリストに倣え」と言っています。ところが、パウロはフィリピの信徒への手紙において、「わたしに倣え」と言うのです。はたしてこんなことが言えるのでしょうか。もし、勝沼教会において私が、「わたしに倣え」と言ったら、どうなるでしょうか。ただちに「それでは私は、教会をやめさせていただきます」と言う人が何人も出てくるのではないでしょうか。しかしそういうことを承知でパウロは「また、あなたがたと同じように、わたしたちを模範として歩んでいる人々に目を向けなさい」（17節）と言うのです。

パウロが「わたしに倣え」と言うのは、その前に彼が語っている「わたしは、既にそれを得たというわけではなく、既に完全な者となっているわけでもありません」（12節）という言葉と切り離して考えることはできません。パウロの主張は一貫していて、自分は完全な者ではないということです。それなのに自分に倣えと言うのはどういう意味でしょうか。

ある注解者が大変興味深いことを言っています。信徒と牧師との関係のことです。「人々（信徒）がこのような指導者（牧師）に期待するのは何であろうか。それは完成されたキリスト者像、確かさに満ちた人生の生き方ではなかろうか。指導者（牧師）の側も彼に信頼する人々に、彼に対する失望、ひいては彼の背後にあるキリストに対する失望を与えまいとして、確かさにあふれているがごとく、自分を装うのが常ではないだろうか。それこそが伝道者に課せられた苦しい牧会的配慮だ」

完成されたキリスト者像を牧師に求めたり、反対に、牧師だって人間だからと半ば投げやりな目を向けたりします。パウロに対しても、ある人たちは信頼を置き、他の人たちは全く信頼していないという有様でした。しかし、パウロ自身としては、期待されたような、完成されたキリスト者像とは正反対のものとして自分自身を告白しています。むしろ彼は、反対者たちのように自分自身を完全な者と考えることを拒みました。では、パウロが「わたしに倣え」と言っているのは、どういう意味でしょうか。要は「生きる姿勢の方向」です。パウロという人物そのものが完全であり非のうちどころのない人物であるから「わたしに倣え」と言っているのではなく、「目標を目指してひたすら走る」（14節）その姿勢に倣ってほしいと言っているのです。

このことは、パウロの伝道に対する考え方にも表れています。パウロの伝道に対する考え方は、多くの人々が考えることとは違っています。パウロにとって伝道とは、自分が多少なりとも完全な者となり、安全圏に入り、そこへ人々を招くこと、とは考えていません。もしそのように考えるのが伝道だとするならば、「自分などはとても伝道できない」としりごみしたり、「あんな牧師がよく伝道などと言えるものだ」となってしまいます。そうではなくて、彼が考える伝道とは、他の人々を、「自分と一緒に走ろうではないか」とうながすことなのです。大変な欠けのある自分ですが（パウロは「自分は罪人の頭だ」と言っています）、神の、「上に召してくださるという約束」（14節参照）に望みを託して、将来の目標に向かって、ひたすらに走ろうとするその生き方なのです。その生き方に「倣ってほしい」と言っているのです。その生きざま、生きようとしている方向、それ全体を通して証ししようとしているのです。

「しかし、わたしたちの本国は天にあります」（20節）は、文語訳では「我らの国籍は天に在り」でした。この御言葉だけで説教が二つも三つもできます。目をただ地上に向けていたのでは、すなわちこの世における評価、近所の評判、人のうわさ、そんなことに目を向けていたのでは生きることはできません。「なすべきことはただ一つ、後ろのものを忘れ、前のものに全身を向けつつ、神がキリスト・イエスによって上へ召して、お与えになる賞を得るために、目標を目指してひたすら走ることです」（13～14節）。この姿、この生きる姿勢に「倣ってほしい」と言っているのです。

「だから、わたしが愛し、慕っている兄弟たち、わたしの喜びであり、冠である愛する人たち、このように主によってしっかりと立ちなさい」（4・1）。

　ここで重要なことは「主によってしっかりと立ち」ということです。信仰者として自立するということです。「自立した信仰者」という言葉を聞くと、私は日本のプロテスタントキリスト教の基礎を築いた植村正久先生の言葉を思い起こします。先生は、１９０４年（明治37年）１月28日号の「福音新報」において「基督の弟子たること如何ん（上）」と題して、次のように述べています。

「思うに今の教会は、あまりに楽なところである。……人を導くにも、何に貴君、安心なさい。別段難儀なことはありませぬ。……別にそうむつかしいことはないという風に持って行って、なるべく楽に考えさせる風がある。……自分の使う金を少しばかりけずって教会に出す。……このくらいで信者の務めが済むなら実に呑気なものである。博愛ということもなく、道のために献身的の戦いをする必要も感じない。成程、閑人とか……教会へくるかもしれぬが、硬骨な活発な精神の高雅な人は嫌に思う。精神的の豪気な人物がズンズンくるようになれば教会は活動して立派なところになる。……之なきために教会が世の中に及ぼすところの道徳的電気、はなはだ微弱である。……キリストの教会において信仰の生活を営むことは、決して楽なものではない。十字架を負はねばならぬ。……」そして、２月の次号においても「希くは我々の教会は正義に富み、十字架を負うて基督の武士道を実践躬行《きゅうこう》し、磁石が鉄気を吸うが如く多くの良い人物を我道に吸収し得るようにしたい。説教を聞くばかりが能事ではない。十字架を負い耶蘇に従って歩まねばならぬ」と述べています。

植村・海老名論争に見られるように、植村先生の信仰は徹底した福音信仰でした。その信仰の根幹にあるものは、「十字架を背負う」という信仰です。

私事になって恐縮ですが、私は神学生のころから「牧師」という言葉より「伝道者」という言葉に親近感を持ってきました。ＩＣＵ（国際基督教大学）におられた髙橋三郎先生が無教会派ということもあったのでしょうが、いつも「私は伝道者です」とおっしゃっていたと古屋安雄先生が語っていました。毅然として伝道者として立つという姿にあこがれを感じます。

先ほど「牧会的配慮」という言葉が出ましたが、これにも若干の違和感を覚えます。もちろん、西洋名画にある「子羊を抱いた優しいイエスの姿」こそ牧師としての理想の姿だとは十分わかっていますが、私のイエス像は、十字架にかかって苦しんでおられるイエス像です。

それは私が、植村正久、内村鑑三、隅谷三喜男などの諸先生の信仰の系譜に深く影響されているからだと思います。もちろん、この点にも多くの欠けがあることもわかっています。

しかし、このいずれの先生方も「主によってしっかりと立ち」という「自立した信仰者」であったという点においては、現代の教会も大いに学ぶところがあるのではないでしょうか。

第三部　喜びに生きる

惜　別　使徒言行録20章17～38節

使徒言行録の中には、いくつかの感動的な場面があります。たとえば7章にある「ステファノの殉教」です。本日の聖書箇所もその一つです。場面を思い浮かべながら読んでみると注釈を何も加える必要がないばかりか、繰り返し読んでもその都度に胸に迫ってくるものがあります。

パウロは3年に及ぶエフェソでの伝道を終え、教会の人々に別れを告げてエルサレムへの旅に出発します。しかし、すぐ南に下ってエルサレムに行くのではなく、一度北上してマケドニアとギリシアに行き、それから南に下り、エフェソには寄らずに近くのミレトスという町に着きました。そこでパウロは、もう一度エフェソ教会（と言っても一つの教会ではなく、7つぐらいの教会があったようで、それを総称してエフェソ教会と呼んでいたようです）の長老たちにぜひ会いたいと思い、人をやって教会の長老たちを呼び寄せます。エフェソ、ミレトス間はおよそ65キロメートルといいますから、かなりの距離です。もちろん、歩いて行くのです。しかも山越えをしなければならないのですから、ゆうに片道3日間はかかっただろうと言われています。しかし、エフェソ教会の長老たちは、そのくらいの困難はものともせずパウロに会いに来たのでした。パウロにとっても長老たちにとっても感無量の再会だったでしょう。

ここで「長老」と呼ばれている人たちは、当時の教会のリーダーです。元来この言葉は、ユダヤの社会におけるサンヘドリン（ユダヤ議会）の議員を「プレスビュテリオン（長老）」と呼んだことに由来し、それをキリスト教会が取り入れ、教会の指導者を「プレスビテリオン（長老）」と言うようになったのです。

「長老たちが集まって来たとき、パウロはこう話した」（18節）。ここからパウロの説教が始まります。パウロは、ユダヤ人や異邦人に比較的長い説教をしたことはありますが、クリスチャンに向かってこのように長い説教をしているのは、この箇所が唯一です。

「アジア州に来た最初の日以来、わたしがあなたがたと共にどのように過ごしてきたかは、よくご存じです」（同）。パウロはまず、自分がエフェソでどういう生活をしてきたかは、ほかならぬあなた方がいちばんよく知っていると切り出します。「すなわち、自分を全く取るに足りない者と思い」（19節）と。口語訳では「謙遜の限りをつくし」です。3年間の伝道生活を振り返って、最初に出てきた言葉が「謙遜」という言葉なのです。通常の伝道者であれば、「私は3年間もあなたがたのために尽くした」というような言葉が最初に出てくるのが当然でしょう。しかしパウロは「私が」「自分が」「俺が」ではなく、「自分を全く取るに足りない者と思い」と言うのです。このような言葉が本心から出てくるのです。パウロは後に、「エフェソの信徒への手紙」を書いて、エフェソ教会の人々にこう言っています。「一切高ぶることなく、柔和で、寛容の心を持ちなさい」（エフェソ4・2）と。できるかぎり謙虚で、かつ柔和でありなさいということです。

さらに続けてパウロは、「涙を流しながら、また、ユダヤ人の数々の陰謀によってこの身にふりかかってきた試練に遭いながらも、主にお仕えしてきました」（使徒20・19）と語り、続けて「だから、わたしが三年間、あなたがた一人一人に夜も昼も涙を流して教えてきたことを思い起こし」（31節）てくださいと語るのです。パウロの3年間は、文字どおり涙なしには語れないものでした。アルテミス神殿における銀細工人の騒動をはじめ、ユダヤ人の陰謀がありました。そのような試練の中にありつつも、パウロは「主にお仕えしてきました」と述べています。この「主にお仕えしてきました」という言葉は、初めの「謙遜」というところにまでかかります。

確かにパウロはエフェソの教会の人々に仕えてきました。しかし、ただ、教会の「人々」に仕えたという理解だけならば、自分がこんなに一生懸命やっているのに、お前たちは……となることもあったかもしれません。しかしパウロは、人々に仕えると同時に、いや、それ以上に「主にお仕えしてきました」と言うのです。ここが重要です。すべては主に仕えることなのです。謙虚さも、試練に耐える力も、あらゆることは、「主に仕える」ということによって支えられているのです。パウロも教会の人々も、長老たちも、他の何者のためにではなく、ただひたすら「主にお仕えしてきました」なのです。ここにおいて、パウロも長老も、神の前に立ち横一線に並ぶのです。

「そして今、わたしは、〝霊〟に促されてエルサレムに行きます。そこでどんなことがこの身に起こるか、何も分かりません。ただ、投獄と苦難とがわたしを待ち受けているということだけは、聖霊がどこの町でもはっきり告げてくださっています」（22～23節）。

ある注解者はこの箇所を次のように述べています。「聖霊に導かれる生活とは、宣教と愛の業のために苦難を背負う生活である。聖霊に満たされたイエスの生き方は、貧しい人々に福音を宣《の》べ伝え、打ちひしがれている者に自由を得させるための苦難の人生であった」。

ルカによる福音書でイエスもこう語っておられます。「主の霊がわたしの上におられる。貧しい人に福音を告げ知らせるために、主がわたしに油を注がれたからである。主がわたしを遣わされたのは、捕らわれている人に解放を、目の見えない人に視力の回復を告げ、圧迫されている人を自由にし、主の恵みの年を告げるためである」（ルカ4・18～19）。

使徒言行録に戻りましょう。パウロはエフェソ教会の長老たちにさらに続けます。「しかし、自分の決められた道を走りとおし、また、主イエスからいただいた、神の恵みの福音を力強く証しするという任務を果たすことができさえすれば、この命すら決して惜しいとは思いません」（使徒20・24）。パウロは、自分の生涯をしばしば競技場におけるランナーに例えます。「あなたがたは知らないのですか。競技場で走る者は皆走るけれども、賞を受けるのは一人だけです。あなたがたも賞を得るように走りなさい」（Ⅰコリント9・24）。そして主イエスから賜った任務を果たすことさえできればこの命は惜しいとは思わない、と。私たちの生涯もかくありたいと願います。たとえそれがどんなに小さく見えようとも、主イエスが私たちにくださったこの仕事、この使命、それを全うして生涯を終わりたいものです。

私は結婚式の式辞として、よくこんなことを言います。「あなた方お二人が、やがて70歳を迎え、80歳を越えて頭に白髪を頂く時、自分たち二人の生涯を振り返って、『ああ、いろいろ苦しいこともあったけれど、やはりこの人と結ばれて生涯を過ごすことができたことは感謝であった』と、しみじみと言えるような夫婦となってください」。

聖書によれば、私たちはキリストに結ばれているのです。カトリック教会の修道士たちが腰に結び目のある縄を巻いているのはその象徴です。キリストに結ばれた私たちは、キリストから賜ったその任務を、キリストと共に歩むことによって全うし、その生涯を閉じたいものです。

「どうか、あなたがた自身と群れ全体とに気を配ってください」（使徒20・28）。群れ全体とは言うまでもなく教会全体、すべての方々という意味です。これはただ長老たちだけに述べられた言葉でしょうか。そうではありません。教会に関わっている人全員が互いに気を配り合うのです。あの方はどうしておられるかな、この方はお元気だろうかと心配するのです。イエス御自身が、あなたがた一人ひとりの牧者、羊の群れの牧者なのですから、それと同じようにあなたがたも互いの牧者となりなさいということです。

最後にパウロはこう言います。「そして今、神とその恵みの言葉とにあなたがたをゆだねます。この言葉は、あなたがたを造り上げ、聖なる者とされたすべての人々と共に恵みを受け継がせることができるのです」（32節）。パウロにとって、人間的に見ればエフェソ教会について尽きない不安があったことでしょう。教会の将来のこと、信徒のこと、考えればきりがありません。

私たちの教会のことを考えても同じでしょう。これから教会はどうなるのだろうか。おもだった長老は年老い、次々に天に召されていく。大丈夫なのだろうか。眠れぬ夜に、考え始めたらますます目がさえてくるものです。パウロにとってもエフェソ教会の将来は、決して楽観視できるものではなかったでしょう。それゆえにこそ、最後は神にお任せする以外にはないのです。「神とその恵みの言葉とにあなたがたをゆだねます」。これが最終的な言葉です。「このように話してから、パウロは皆と一緒にひざまずいて祈った。人々は皆激しく泣き、パウロの首を抱いて接吻した。特に、自分の顔をもう二度と見ることはあるまいとパウロが言ったので、非常に悲しんだ」（36～38節）。

こうしてパウロはミレトスで長老たちと別れ、再び船上の人となったのでした。すべてを主に委ねて。

御名を崇めさせたまえ　マタイ6章9節

2014年2月23日　八ヶ岳伝道所

今朝は、「主の祈り」と呼ばれている御言葉に聞きたいと思います。

はじめに、イエスがこの主の祈りをお教えになった経緯から見てみましょう。マタイと並行箇所のルカによる福音書11章1～2節にはこうあります。「イエスはある所で祈っておられた。祈りが終わると、弟子の一人がイエスに、『主よ、ヨハネが弟子たちに教えたように、わたしたちにも祈りを教えてください』と言った。そこで、イエスは言われた。『祈るときには、こう言いなさい……』」。こう言われてイエスは「主の祈り」を教え始められたとあります。

ここで大切なことは、弟子たちからイエスに「祈りを教えてください」と願い出ていることです。すなわち、弟子たちは祈りについて知らないのです。この、何もわかっていないという自覚、謙虚な思い、これが大切です。10年も20年も前からよく知っていて、別に何も考えなくても立て板に水のごとく口から出てくる……これは祈りの姿勢ではありません。

マタイ6章に戻ると、「だから、こう祈りなさい」（9節）とあります。「だから」というのは、言うまでもなく5節以下の祈りについての教えを受けています。イエスは、私たちの祈りが、当時のユダヤ人がしていたような、人の思惑ばかりを気にする偽善的な祈りであってはならない、すなわち「異邦人のようにくどくどと述べてはならない。異邦人は、言葉数が多ければ、聞き入れられると思い込んでいる」（7節）と警告されたのです。

「だから、こう祈りなさい」。原文では、「あなたがたは」という言葉が入れられています。通常ギリシャ語では、命令文に人称代名詞は入れませんが、ここでは特に「あなたがたは」という言葉を入れて、強調しています。しかも、「あなたは」という単数ではなく、「あなたがたは」という複数になっています。この祈りは個人の祈りではなく、「共同体の祈り」「教会の祈り」なのです。この共同体の祈りという概念が、なかなかわかりにくいかもしれません。皆が一つになって、個人ではなく、全体として祈るのです。

私たちが主の祈りを祈る時、それは、共同体（教会）に参加している、すなわち教会を形成している一員として皆で共に祈っているのです。「共に」を、教会では「公同の」と言いますが（公同という言葉は日本語の辞書にはありません。教会が作り出した言葉です）、この「公同」ということは実に重要です。たとえば礼拝の際、司式者が祈ります。その祈りは個人の祈りではなく「公同」の、さらに言えば教会という一つの共同体の祈りなのです。

ところが、日本では、この教会という概念、考えがとても弱いのです。特に、内村鑑三から始まった無教会は非常に個人主義的で、公同で礼拝を捧げ、共に神を賛美し、共に神に祈るという考えがありません。礼拝ではなく、先生の聖書講義であり、会衆（生徒）はそれを聞くだけです。

しかし教会の場合はそうではありません。イエスを中心とした「イエスの群れ」、神の国の民（教会）が礼拝を捧げているのであって、公同の「祈り」は個人の祈りではなく、教会としての祈りなのです。初代教会において、この「主の祈り」と呼ばれているものは、バプテスマを受け、その群れに受け入れられた者のみが唱えることを許されたと言われています。

また、この「祈りなさい」という言葉は、現在命令形で書かれており、繰り返し、繰り返し、日常的にいつも、習慣として祈るようにと命じられているのです。ですから、イエスの弟子たち、また初代教会の信徒たちは、ユダヤ教徒たちに倣って少なくとも1日に3回「主の祈り」を唱えたということが2世紀の教会文書に残されています。

次に「天におられるわたしたちの父よ」（9節）です。ここでは、聖書において最も重要な二つのことが言われています。第一は、私たちが祈る神は「天におられる」ということです。では「天」とはいかなる所でしょうか。ただ漠然と、空の上の方だと考えているのでしょうか。聖書における「天」とは、神の御座のことです。神に祈る、神と相対するということは、その天にいます神と相対することです。イザヤ書6章に「イザヤの召命」の記事が記されています。そこにこうあります。「わたしは、高く天にある御座に主が座しておられるのを見た。（中略）災いだ。わたしは滅ぼされる。わたしは汚れた唇の者。汚れた唇の民の中に住む者。しかも、わたしの目は　王なる万軍の主を仰ぎ見た」（1、5節）。ここにおいてイザヤが出会った神は厳格なる神であり、尊厳に満ちた方です。その前に出るや、打ちのめされ、滅ぼされる神です。

私が最初に福音に接したのは、アメリカのホーリネス系教会の宣教師を通してでしたが、その先生は日曜日の夕礼拝の最後のところでいつもこう言いました。「『自分は罪人だ。神の前に立ち得ない、自分のために祈ってほしい』と思う人は、目をつむって手をあげなさい」と。その時に私が出会った神は、どんな小さな罪をも見逃さない、峻厳な神でした。私は静かに手を上げざるを得ませんでした。すると、後から宣教師の先生に呼ばれ、「君は洗礼を受けているにもかかわらずなぜ罪人だと言うのか。潔《きよ》められていないのか」と責められました。私は、教会で言われる「救いの確かさ」という問題で本当に苦しんだのです。確信がなかったのです。

後に神学校に入って福田正俊先生から、ルターが「潔められるということは、己がますます罪人であるということを自覚することだ」と言ったということを聞いた時、「これこそ、まさに福音だ」と実感しました。ようやく安らぎを得たのです。改革者ルターは神の恵みを強調しましたが、神の恵みが本当にわかるためには厳格な神と出会い、己が罪人であるということを徹底して知らされることが重要なのです。「主の祈り」で私たちが「天におられる」と祈る時、その神は峻厳なる神、厳しい神なのです。

しかし続いてイエスは、以上のこととは全く反対のことをおっしゃいます。それは「わたしたちの父よ」という言葉です。神を父と呼ぶことについては、旧約聖書以来、格別珍しいことではありません。しかし、イエスがここで弟子たちに語りかけているのは、神を、当時、日常語として用いられていたアラム語で「アッバ」と呼んだことです。当時のユダヤ人は神を表現する場合、多くの形容の言葉をつけるのを常としていました。「偉大にして力強い神」とか「天と地との創造者なる神」など、神の権能を表すさまざまな言葉を付け加えました。それに対してイエスは、極めて単純で、しかも深く、温かく、親しみのある「アッバ」という言葉――この言葉は幼児が父親を呼ぶ時に用いた言葉で、今の言葉で言えば「パパ」に当たるでしょうか――を使いました。神に特別なタイトルをつけず、最も深く、親しみを表す「アッバ」という表現をもって祈るように教えたのは、イエスが初めてです。この言葉を思い出す時私は、あの八木重吉の詩を思い出します。

「さて／あかんぼは／なぜに　あん　あん　あん　あん　なくんだろうか／ほんとに／うるせいよ／あん　あん　あん　あん／あん　あん　あん　あん／うるさか　ないよ／うるさかないよ／よんでるんだよ／かみさまをよんでるんだよ／みんなもよびな／あんなにし

つっこくよびな」（『定本　八木重吉詩集』彌生書房）

次に「御名が崇められますように」（9節）。この「崇められる」という言葉は、他の古代の文書にはなく、聖書にのみ出てくる言葉です。「崇める」は、元々は「聖」なるものとすること、「聖別」するという言葉です。神御自身のものとして選び分けておく、たとえば生け贄《にえ》（犠牲）の動物など、神殿で神のために用いるものなどを別にしておくという意味で、神の御名を聖なるものとするということ、すなわち「神が本当に神として崇められますように」ということです。私たちは「祈り」というと、何を神にお願いしようかと考えます。自分についての祈りが最初に来るのです。確かに、祈りにそのような要素がないわけではありません。しかしイエスは、私たちの祈りがまず、「御名が崇められますように」とならねばならないと言われます。これは日本のような八百万《やおよろず》の神に「自分の欲望の達成を願う」祈りとは根本的に違うのです。

事実、イエス御自身は十字架につけられる直前に、ゲッセマネの園で弟子たちにこう言われました。「わたしは死ぬばかりに悲しい。ここを離れず、わたしと共に目を覚ましていなさい」（マタイ26・38）、そして「少し進んで行って、うつ伏せになり、祈って言われた。『父よ、できることなら、この杯をわたしから過ぎ去らせてください。しかし、わたしの願いどおりではなく、御心のままに。』」(39節)と祈られました。バークレーというイギリスの学者も次のように言っています。「祈りというものは、神の意志を曲げて、我々の願いを通そうとすることではない。祈りは、常に、我々の意思を神の意志に服従させようとする努力である」と。

さて、「主の祈り」前半の最後のところで、主はこう祈られます。「御国が来ますように。御心が行われますように、天におけるように地の上にも」(6・10)。

イエスが来られたことによって、神の国がこの地上において始まりました。「時は満ち、神の国は近づいた」(マルコ1・15)。しかし、神の国は完成されたわけではありません。それゆえ主は私たちに「御国が来ますように」と祈りなさいと言われたのです。主は、私たち一人ひとりを御国の建設のために用いてくださるのです。「御国が来ますように」と私たちが祈るということは、御国の建設のために私たちを用いてくださいと祈ることなのです。

私たちが生きている、いや、生かされている、その目標は何でしょうか。私たちが日々の生活において目指すものは何でしょうか。30代であろうが、40代であろうが、いや70代でも80代でも、私たちが日々生かされているのは、御国建設のためです。私たちの人生の目標ははっきりしています。神の国建設のために働くことです。

私は食前の感謝の時にこう祈ります。「この糧をお与えくださり感謝いたします。この糧により健康を与えられ、御国の建設のために働くことができますように」。

今週も私たちは、神に選ばれた者として、神の御護りと祝福の中において「神の国建設」のために働かせていただきたいと願うのです。

わたしの母とは誰か　マタイ12章46〜50節

5月第2主日は、教会のカレンダーで「母の日」となっていますので、本日は、「母の日礼拝」として御言葉に聴きたいと思います。

初めに、サトウ・ハチローの詩を紹介します。

「この世の中で一番」
この世の中で一番美しい名前　それはおかあさん
この世の中で一番やさしい心　それはおかあさん

おかあさん　おかあさん　悲しく愉《たの》しく　また悲しく
なんどもなんどもくりかえす　ああ　おかあさん」
（サトウ・ハチロー『詩集　おかあさん』日本図書センター）

ここで、サトウ・ハチローが詩《うた》っていますように、「おかあさん」という言葉は、多くの人にとってこの世界でいちばん懐かしい言葉でしょう。私は8歳の時、心臓病で母を亡くしていますので、自分が80歳になっても、母の33歳の顔は変わりません。目をつむれば、そこに「おかあさん」がいます。

それでは、新約聖書ではどうでしょうか。先ほど読んでいただいた箇所は、新約聖書の中でも数少ない「母」に言及した箇所です。

新共同訳聖書では、この箇所には「イエスの母、兄弟」という小見出しが付けられています。イエスの母と兄弟が、自宅のナザレからこの地カファルナウムまでイエスを探して、家に連れ戻そうと来たところです。なぜ家に連れ戻そうとしたのでしょうか。マルコによる福音書3章21節によると「身内の人たちはイエスのことを聞いて取り押さえに来た。『あの男は気が変になっている』と言われていたからである」とあります。これはファリサイ派の人々が、イエスはベルゼブル（悪霊の頭）だから悪霊に憑かれた人を癒やすことができたのだと言っているという噂を聞いたからです。ともかく気が変になっていると噂されている身内の者を黙って見ているわけにはいかないと思ったのでしょう、世間体もよくないと考えたに相違ないのです。マタイに戻ると、来たのは母マリアと兄弟「ヤコブ、ヨセフ、シモン、ユダ」（マタイ13・55）たちで、「姉妹たちは皆、我々と一緒に住んでいるではないか」（13・56）と言われていますので、姉妹たちも一緒ではなかったかと思われます。父親ヨセフが言及されていないのは、すでに亡くなっていたからでしょうか。

余談になりますが、私が神学校に入った当時、神学校に入学する人のほとんどは（牧師の家族を除くと）家族から猛反対され、ある人たちは本当に「お前は気が変になっているのではないか」と言われながら来たものです。私の2年先輩だった人は有名大学の理学部博士課程に在籍していた人で、将来は教授になり、学部全体を引っぱっていくと嘱望されていた人でしたが、神の召しを受けて神学校に来ました。家族も同僚も皆、「お前は気が変になっている」と言ったそうです。

「イエスがなお群衆に話しておられるとき、その母と兄弟たちが、話したいことがあって外に立っていた」（12・46）。イエスは群衆に対して「神の国」について話していたのでしょう。ルカ8章19節には「群衆のために近づくことができなかった」とありますので、おそらく、母や兄弟たちは群衆をかき分けて中に入ろうとしたができなかったのでしょう。そこでしかたなく人をやってイエスを呼ばせたのです。ある人が「御覧なさい。母上と御兄弟たちが、お話ししたいと外に立っておられます」（マタイ12・47）と大声で知らせました。

一瞬、イエスは、その声のする方を振り向かれたことでしょう。あたりは静まりかえりました。しかし、次の瞬間、人々は思ってもみないイエスの言葉を聞くのです。「わたしの母とはだれか。わたしの兄弟とはだれか」（48節）。この質問を聞いた群衆は唖然《あぜん》としました。いや、もっとも驚いたのは母や兄弟たちでしょう。「母とはだれか。わたしの兄弟とはだれか」。こんなことを聞いたら、誰でも確かにこの人はおかしいと思ったに相違ありません。しかし続いてイエスはこう言われました。「そして、弟子たちの方を指して言われた。『見なさい。ここにわたしの母、わたしの兄弟がいる。だれでも、わたしの天の父の御心を行う人が、わたしの兄弟、姉妹、また母である。』」（49～50節）。

私たちは通常、常識に従って人と人との関わりを判断しています。人間関係の常識とは何でしょうか。アジア的共同体においては、それは血縁であったり、地縁、伝統、風習、権威であったりします。

私は、かつて日本キリスト教海外医療協力会（ＪＯＣＳ）の総主事をしており、ある決定をいたしましたが、それに対し、創立者の一人であり最も権威を持っている医師が私のところに来てこう言われたのです。「船戸君、ほかでもないこの私が、この私が言うのだから、その決定を撤回したまえ」と。しかし私は、「これは、私の恣意によって決定したものではありません。ＪＯＣＳが、昔から守ってきた慣例法に基づいて決定したことです。たとえ総理大臣であろうと他の誰であろうと、私は撤回しません。もしどうしても撤回せよと言うのならば、私を解任してから撤回してください」と。法の下では、すべての人は平等であり、すべての人がそれに服従しなければならないとの確信からです。権威をかさに着てごり押しをすることは、たとえ創立に関わった権威ある人といえども許してはならないのです。

イエスはここで「わたしの母とはだれか。わたしの兄弟とはだれか」という一見私たちを当惑させるような質問をします。私たちが「信仰の世界」「神の国」の物差しで物事を考える場合には、いわゆる常識と呼ばれているものとは全く別の物差しが必要だということを示そうとしておられるのです。ここに新しい家族が誕生しています。血縁によるのではなく、「だれでも、わたしの天の父の御心を行う人が、わたしの兄弟、姉妹、また母である」（50節）という新しい基準に基づく「新しい家族・神の家族」が誕生したのです。

「母の愛」は、この地上で最も美しい愛であると冒頭に述べました。しかし、その愛が、単に「肉による愛」、血のつながりのみによる愛であったならば、それは、無知な愛に終わってしまうでしょう。イエスによって示された「天の父の御心を行う」というイエスの御心をとおして清められてこそ、真の愛となるのです。「母の日」とは、そのような母を記念する日であり、そのような母になろうと決意する日であります。

恵みにより選ばれたもの　ローマ11章1〜5節

２０１８年２月25日　松本筑摩野伝道所

ローマの信徒への手紙９、10、11章はイスラエル民族の救いの問題を論じているところですが、一見、これが現代の私たちの信仰とどう関わりがあるのかわかりにくいところがあります。ですが、熟読玩味してみると、なかなか深い意味があることに驚かされます。本日は、11章１節より５節までの御言葉に聞いてまいりましょう。

「では、尋ねよう。神は御自分の民を退けられたのであろうか。決してそうではない」（11・１）。「決してそうではない」。原文では「メー・ゲノイト」。「否、決してそうではない」と極めて強い否定の言葉が使われています。この「御自分の民」という所に私たち、「松本筑摩野伝道所」、あるいは「勝沼教会」という言葉を入れてみましょう。「神は松本筑摩野、あるいは勝沼の民を見捨てられたのであろうか。……否、決してそうではない」。お互いに小さな教会で、何年伝道しても会員は増えない、教会を支えてきた方々が次々と天に召され、会員は減り、教会財政は底をついてくる……。このようなことを考えると、神は私たちを見捨てられたのではないかと深刻に悩む時があります。しかし神は言われます。「メー・ゲノイト」。否、決してそうではない、と。

その証拠に「わたしもイスラエル人で……」と文章が続きます。原文ではこの前に「なぜなら」という言葉があります。神がイスラエル民族を捨てていない明らかな証拠として、あるいは、具体的な証明としてパウロは、自分自身を見てほしいと語るのです。「わたしもイスラエル人で、アブラハムの子孫であり、ベニヤミン族の者です」（1節）。「ベニヤミン族」というのは、イスラエル十二部族の一つですが、その祖ベニヤミンはヤコブの十二人の子どもの末っ子で、ベニヤミン族も十二部族の中でいちばん小さな部族でした。決して有力な部族ではなかったのです。しかし、その中からイスラエル初代の王サウルが生まれ、悲しみの預言者と呼ばれたエレミヤが生まれました。また、伝承によれば、出エジプトで紅海が二つに割れた際、その海を最初に渡ったのはベニヤミン族だと言われています。しかし、パウロがここで言わんとしているのは、そのような勇猛さや血統を誇るということではありません。そうではなく、このような小さな者をも神は覚えてくださり、御計画の中に入れてくださっているということを語っているのです。

さらに彼は2節でこう言います。「神は、前もって知っておられた御自分の民（私たちのこと）を退けたりなさいませんでした」と。ここに「知っておられた」という言葉が出てきますが、これは聖書独特の言い方です。聖書において「知る」ということは、単に知識として頭で知るということではなく、「深く愛する」ということなのです。たとえば創世記4章1節で「さて、アダムは妻エバを知った。彼女は身ごもってカインを産み」と語られるとおりです。ですから2節の意味も、神はこのような深い愛をもって御自分の民を愛している、神は御自分の民を捨てられたのではない、ということなのです。その証拠として、私自身（パウロ）を見てほしい、私パウロが、どのようにして神に救われたかを見れば、神があなたがたを見捨てていないということがわかる、ということです。

ここが重要なところです。神は、ここにおられる一人ひとりを救いの中に入れてくださいました。ほかでもない、あなたが神の愛の中に生かされ、クリスチャンになりました。であれば、この街の人々を神が退けられるはずはないではないですか。大きく言えば民族の救い、いや、私たちのすぐ近くにいる村の人たち、街の人たちも、あなたがた同様、神の救いの御計画の中にいるのです。私たちは失望することはないのです。一年の間、新しく教会を訪れる人が数名であっても、いや一人もいなくても、神においては、筑摩野の民、勝沼の民は、救いの御計画の中に入れられているのです。私たちの目をそこに、すなわち神の救いの御計画に向けるならば、失望は希望に変えられるのです。

続いて、パウロは旧約時代の預言者の一人、エリヤを取り上げます。

「それとも、エリヤについて聖書に何と書いてあるか、あなたがたは知らないのですか。彼は、イスラエルを神にこう訴えています。『主よ、彼らはあなたの預言者たちを殺し、あなたの祭壇を壊しました。そして、わたしだけが残りましたが、彼らはわたしの命をねらっています。』」（2〜3節）

この物語は、列王記上19章1〜18節に出てきます。当時、北イスラエル王国は、アハブという王によって治められていました。この王は、「オムリの子アハブは彼以前のだれよりも主の目に悪とされることを行った。……シドン人の王エトバアルの娘イゼベルを妻に迎え、進んでバアルに仕え、これにひれ伏した。サマリアにさえバアルの神殿を建て、その中にバアルの祭壇を築いた」（16・30〜32）と語られるような王でした。

「バアル」というのは、旧約聖書に出てくる異教の神ですが、早くからパレスティナに定住していたカナン人が祭っていた農耕の神の名です。砂漠の遊牧民であったイスラエル民族がカナンの地に定住した時、先住民カナン人の影響を受け、その農耕の神、生産の神であるバアルを礼拝するようになったのです。その最たるものがアハブ王で、彼はシドン人の妻イゼベルを迎えたことによって進んでバアルに仕えたのです。そして妻と共にイスラエルの神ヤハウエの預言者を殺しました。エリヤが「彼らはあなたの預言者たちを殺し……」と言っているのはこのことです。その虐殺から逃れて一人残されたエリヤは四十日四十夜荒れ野を歩き続け、ついに神の山ホレブに着きました。そこで神からの語りかけに応じて答えた言葉を、パウロがここに引用しているのです。

もう少し詳しく見てみましょう。列王記上19章4節です。「彼（エリヤ）自身は荒れ野に入り、更に一日の道のりを歩き続けた。彼は一本のえにしだの木の下に来て座り、自分の命が絶えるのを願って言った。『主よ、もう十分です。わたしの命を取ってください……』」。エリヤの絶望です。何に望みを置いたらよいのかもはやわからないのです。彼は疲労困憊の末、「えにしだの木の下で横になって眠って」（5節）しまいます。その彼に主は声をかけられます。19章9節です。「エリヤよ、ここで何をしているのか」。エリヤは答えます。「わたしは万軍の神、主に情熱を傾けて仕えてきました。ところが、イスラエルの人々はあなたとの契約を捨て、祭壇を破壊し、預言者たちを剣にかけて殺したのです。わたし一人だけが残り、彼らはこのわたしの命をも奪おうとねらっています」（10節）。

エリヤは、神に仕えているのは自分一人だけだと思ったのです。多くの艱難辛苦の中で孤立無援。命をかけ、主に情熱を傾けて仕えているのは自分一人しかいないと思っていたのです。この訴えに対し、神はこう答えます。「しかし、わたしはイスラエルに七千人を残す。これは皆、バアルにひざまずかず、これに口づけしなかった者である」（18節）と。聖書では七が完全数ですから、七千という数字は「十分な」「多くの」という意味です。すなわち神はエリヤに対しこう言うのです。「あなたは『自分は命をかけて神に仕えてきた。それにもかかわらず民は理解せずに孤立無援だ。そして自分の命をも取られようとしている。絶望だ。

もう十分だ、自分の命を取ってほしい』と言う。そのようなあなたの気持ちも十分理解できる。しかし、わたしはイスラエルに七千人を残す。これは皆、バアルにひざまずかず、これに口づけしなかった者である。あなたの周囲を見なさい。孤立無援ではなく、同労の友が七千人もいるではないか。目を見開き、見るべきものを見なさい」と。

ローマの信徒への手紙11章に戻りましょう。続いてパウロは次のように記します。「同じように、現に今も、恵みによって選ばれた者が残っています」（5節）。ここに、「選ばれた者が残っています」という文章がありますが、この「残っています」と言う言葉は、口語訳では「残された者がいる」となっていました。「残された者」（レムナント）という考えは、旧約聖書由来のものです。たとえば、イザヤ書10章20節以下の小項目「残りの者の帰還」には、「その日には、イスラエルの残りの者とヤコブの家の逃れた者とは、再び自分たちを撃った敵に頼ることなく、イスラエルの聖なる方、主に真実をもって頼る。残りの者が帰って来る。ヤコブの残りの者が、力ある神に」（20～21節）と述べられています。これは、イスラエルを滅ぼした強国アッシリアに審判の日（「その日」）が来る、その時には生き残った者たちが帰って来るという希望を述べたものです。

しかし、当時のイスラエルの現実はどうであったのでしょうか。イザヤ書3章24～25節を見ると「芳香は悪臭となり、帯は縄に変わり　編んだ髪はそり落とされ　晴れ着は粗布に変わり　美しさは恥に変わる。シオンの男らは剣に倒れ　勇士は戦いに倒れる」とあります。戦いに敗れたイスラエルは捕虜（奴隷）となり、女性の帯は縄に代わって腰に巻かれ、晴れ着は粗布に変わりました。「その日には、七人の女が　一人の男をとらえて言う。『自分のパンを食べ、自分の着物を着ますから　どうか、あなたの名を名乗ることを許し　わたしたちの恥を取り去ってください』」（4・1）と言うというのです。

戦いの結果、多くの男性が亡くなり、女性の多くは夫を亡くしました。当時のイスラエルにおいて夫を持たないことは女性にとって最大の恥辱でした。彼女らは夫に要求できる当然の権利をも捨てなくてはならなかったのです。しかし、そのような惨状の中にあっても、「その日には、イスラエルの生き残った者にとって主の若枝は麗しさとなり、栄光となる。……エルサレムの残された者は、聖なる者と呼ばれる」（4・2～3）と言うのです。「聖なる者」とは、神に選ばれた者という意味です。パウロは、この「残された者」を引用してローマの信徒への手紙11章5節で「選ばれた者が残っています」と言うのです。

このエリヤの悲痛な叫びと神の答え、イザヤ書における「残された者」……これこそ、今、まさに神から私たちに与えられた言葉ではないでしょうか。地方の小さな教会に赴任した伝道者、そして教会員一人ひとりに与えられた神の言葉ではないでしょうか。一生懸命、それこそ情熱を傾けて伝道しても成果が上がらない。高齢者が多く、この先どうなるのだろうという悩みがある。まさにエリヤが一人で野山をかき分けかき分け、心細さのあまり神に泣きつく思いで訴えた、その心と同じです。しかし、神は語られます。わたしがあなたと共にいる。いや、それだけでなく、七千人の同労者があなたと共にいる、と。パウロも言います。「同じように、現に今も、恵みによって選ばれた者が残っています」（ローマ11・5）。

その主が、あなたにもこう問われます。「あなたはここで何をしているのか」。その問いに私たちは、どう答えればいいのでしょうか。

神は、あなたを見捨てられません。神の恵みによって多くの「残された者」がいるのです。「だから元気を出して伝道に邁進しよう」、パウロはこう呼びかけているのです。

補遺・自分の身をささげて隣人に仕える

この記事は『信徒の友』２００６年２月号に掲載されたものである。前半が第一部の「同じ喜びと悲しみの中で」と重なるが、海外協力の貴重な体験談が続くことからここに収録した。

（文責・日本キリスト教団出版局編集部）

隣人と出会う

私は１９３６年、東京の芝（現在の港区）で生まれました。祖父母は熱心な仏教徒で朝晩お経をあげなければ食事もできないという家でした。

高校生の時公園を散歩していると、聞いたこともない美しい音楽が聞こえてきたのです。窓辺で聞きほれていると、「中に入りませんか」と声をかけられました。その曲は賛美歌だったのです。

教会に足を踏み入れて、驚いたのはお祈りです。私も毎朝晩、仏壇の前でお祈りしていましたけれど、それは自分のための祈り、せいぜい家族のための祈りでした。でも教会の人は違っていました。見ず知らずの方のために祈る。見ず知らずの人を「隣人」として祈るというのは、自分の中にはない感覚でした。この「隣人」の発見は私にとって非常に大きなことでした。みんな人生をまじめに生きているなあと感動し、礼拝に通うようになりました。しかし当然ですが、教会の人も「聖人」ではないことがだんだんわかってきました。醜いものが見えてきて、失望しました。

そんなある日、会堂で祈っていると、神の声を聞いたのです。「今までおまえはあいつはダメ、こいつもダメと非難ばかりしていたけれど、おまえ自身はどうなのだ」。自分が高いところに立って周りの人を非難していたという、傲慢さ、醜さ、罪深さを示されました。大声で泣いて、悔い改めの祈りをしたことを今でもよく覚えています。

この経験は決定的でした。高みからおろされて初めて、隣人と出会うことができたと今、振り返って思います。この時二つの決心をしました。一つは、この神を伝える伝道者として立つこと、もう一つは隣人と共に生きる働きに身を捧げることでした。

それまでいかに生きるべきかを「自分」のみに関心を向けて考えていました。でも本当は、自分の人生の目的というのは「隣人」との関係においてしか考えられないのです。そのことを知らされました。善《よ》きサマリア人のたとえに示されるように、これこそはイエスの根源的なメッセージですし、仕える業《わざ》の原点です。「自分の身をささげて隣人に仕える」ということは、何よりまず、隣人との関係において生きる、ということなのではないでしょうか。

もともとゼロの私たち

「奉仕」「仕える」ということの根本には、こうした、自分が打ち砕かれる経験がどうしても必要だと思います。それも繰り返して。私もまさにそうでした。

東京神学大学4年生の時、60年安保闘争が起こりました。そして運動が衰退すると地方からの民主化ということが盛んに論じられるようになり、私はその中で全国のキリスト者学生と共に、「筑豊の子どもを守る会」を結成しました。当時、エネルギー革命の暴風の中で、筑豊炭鉱の小ヤマは次々に閉山に追い込まれており、地域の生活環境は急速に悪化していました。その中にある子どもの生活を守るため、春と夏の休暇を利用して学生が炭住（炭鉱住宅）に入り、パンや牛乳を配給し、一緒に遊び、勉強するという活動でした。

さらに腰をすえてと願って、大学院一年生の時には一年間休学し、炭住に住み込むことにしました。1961年5月、筑豊に入ると、それはもう大歓迎でした。まずやったのは、子どもたちを朝、学校に送っていくこと。差別があり炭鉱の子どもは学校に行きたがらなかったのです。夏休みになると、全国からやってきた学生と一緒に活動し、地元の方に大いに喜ばれました。

しかし秋になり学生が帰ってしまうと、地域の人々も私もなんとなく疲れを覚えてきました。そうなると何をやってもうまくいかなくなってしまい、悩みました。そんな折に東京から古着がたくさん送られてきたのです。これはいい！　バザーをやって、婦人会の資金を作ろう。炭住の婦人会の方々に相談すると大賛成、バザーも大盛況でした。今日は久しぶりによかったなあ。そんな満足した気分でわが家に戻り、ダイナマイトの箱を壊してつくった床に大の字になって寝転んだんです。すると外から女性たちの声が聞こえてきました。

「東京くんだりから来やがって」「ただで送ってきたものに値段をつけて売りやがって」などと、私の悪口をさんざん言っているのです。私は一気に、はらわたの煮えくりかえる思いになりました。何のために私がここにいると思っているんだ、すべては筑豊の人々のためではないか、文句を言うとは何事か。荷物をまとめて東京に帰ろう。居ても立ってもいられませんでした。

しばらく経って、とにかく祈ろうと思ったのですが言葉が出ません。それで聖書を抱えてボタ山（炭鉱で石炭などの採掘によってできる捨石の集積場）に登りました。ローマ書を読み進めて、5章6節に行き着きました。新共同訳では次のようになっています。「実にキリストは、わたしたちがまだ弱かったころ、定められた時に、不信心な者のために死んでくださった」。打ちのめされました。自分は炭鉱の人々にお礼を言われることを期待していたのだ。だから悪口を言われただけで烈火のごとく怒ったのだ。そしてキリストはまさにこのように罪深い私のために身を捧げて死んでくださったのだ。自分の情けなさ、キリストへの感謝で、涙がとめどなく溢れ出ました。

その時知りました。私は「奉仕しなくては」と考えていたのですが、それがまちがいだった。人間には元来、他人にいいことなんてできない罪の現実がある、と。ただ、そこで終わりではないのです。神はその罪の現実を赦してくださる。そしてその罪赦されたことへの感謝によって、人はもう一度、隣人に向かっていくことができる。

　もともとゼロなのです。だから少しでも奉仕ができたら、それは神の恵みによるものなのです。そんなふうに考えたら、肩の荷がずいぶん軽くなりました。後に、私は日本キリスト教海外医療協力会（JOCS）で働くのですが、その時も同じことを感じました。医師や保健師などの働き手《ワーカー》が高い志をもってアジアの貧しい地域に赴くのですが、私が働き始めた当時、多くの方が現地で疲れ果ててしまうという深刻な問題がありました。

　ワーカーは、やってもやっても成果が出ない現実にぶつかっていました。たとえば、結核治療のために薬を渡しても、少し良くなるとその薬を売って生活費の足しにしてしまう。時を経てまた悪くなってやってくる。そのころには薬の耐性ができていて、以前の薬は効かない。そういう、積んでは崩すの繰り返しに、まいっていたのです。

　そうした本当に厳しい状況で働くことを迫られた時、人に良いことをしたいという単純な思いだけでは自らを支え続けることが難しいわけです。そこで必要なのは、ゼロの自分が福音によって支えられて、この人たちと共に生かさせてもらっているという認識だ、と痛感しました。それによって、なんとか隣人に仕え続けていける、と。

もう一つ大切なのは、赦しです。もともと奉仕なんてできないんだ、少しでもできれば感謝だという、自分に対しても他者に対しても、そういう赦しがあれば、仕える業を続けていけるのではないでしょうか。これはなにもＪＯＣＳのように特殊な状況で働く人だけでなく、ごく普通の家庭や教会、職場での生活においても言えることではないかと思います。

身をもって証しする

大学院を修了し、東京都足立区の教会に赴任しました。そこは2年半という契約だったので、この後どうしようかと考えていた時ベトナム行きの話をもらったのです。

当時はベトナム戦争の只中《ただなか》で、東アジアキリスト教協議会（ＥＡＣＣ）より、サイゴン（現ホーチミン）に難民救済チームを作るから人を派遣するようにとの要請が全国の教会にありました。炭鉱での経験があるということで、私に声がかかったのです。

日本でも反戦デモは盛んでした。ベトナム戦争反対を叫んで街を歩き、それが終わると喫茶店でベトナム戦争を論じるんですね。でも私はそんなやり方に大きな違和感を覚えていました。そんな時、ベトナム行きの話を受けたのです。私の後ろにあったのは「キリストに倣いて」との思いでした。神学大学に入ってすぐ由木康先生訳の『キリストに倣いて』を読み、すばらしい本だと感動したのです。キリストの恵みを論理的に考察するというよりは、それに倣う行いを勧める本です。

ベトナムについても、論じるだけでなく、傷ついた人々のために具体的に何かをしなければ、そう考えていました。イエスは安全な所から人々を教えたわけではなく、御自分が十字架につき、その十字架の上から、同じく十字架にかけられていた人に「あなたは今日わたしと一緒に楽園にいる」と言われたのです。別の表現をすれば、身をもって証しするということ。神学生の時「身証《しんしょう》」という言葉を授業で習い、これも私にとって大切な言葉となりました。「キリストに倣いて」「身証」。これは私が「仕える」というテーマに取り組む時いつでも考える言葉です。

さて1967年、日本基督教団と日本キリスト教協議会（NCC）から派遣されてベトナムに向かいました。半年の語学研修を終え、少年たちのための居住施設を作りました。彼らは路上で寝て、朝が来ると米兵の靴磨きをするという生活を送っていたのです。彼らと寝起きを共にし、時には勉強を教え、靴磨きに一緒に行くこともありました。

ベトナムの思い出はたくさんありますが、中でもアメリカ人ジャーナリスト、ドン・ルースとの出会いは印象深いです。クェーカー教徒で、命がけで反戦運動をしていた人です。コンソン島の政治犯収容所「虎の檻」を暴くのに尽力した一人で、これがアメリカ世論を反戦に向かわせるきっかけとなりました。

彼のもとには多くの情報が集まっていましたから、頻繁にベトナム軍の家宅捜査が入ります。そのため私が資料を預かることもありました。私も真夜中に二度、家宅捜査を受けましたが、恐ろしいものです。ガンガンとドアを叩かれます。すぐに出て行かないと、ドアを銃で撃ち破られますから飛んで行きます。すると銃を抱えた兵士たちが部屋に乗り込んでくる。いつ殺されてもおかしくない、という恐怖がありました。

ドン・ルースはもっと死を身近に感じていたでしょう。何が彼を支えていたかといえば、ベトナムに生きる隣人に仕えることへの強烈な使命感だと言えるでしょう。私にもやはりベトナムの子どもたちに仕えるという召命感がありました。

4年半後に日本に帰国したのは、もっと勉強しないと、ベトナムで奉仕を続けていくことができないと考えたからでした。奉仕の業は、自分では望まずとも、政治的、社会的な意味をもってしまうことが多々あります。だから自分の働きが、どういう意味をもっているかを学ぶことへの必要性を身にしみて感じました。いずれベトナムに戻るつもりでした。しかし帰国してしばらく国際基督教大学の助手を務めた後、ベトナムではなくタイに行きました。1970年代半ばのベトナム戦争終結以後、外国人がベトナムに入国することはできなくなっていたからです。タイでは国立チュラロンコン大学とタマサート大学の「日本研究講座」の講師をしました。さらにタイからアメリカに渡り、プリンストン大学神学校で明治期来日したジェームス・バラ博士の研究をしました。帰国したのが1980年でした。

生きる方向性

帰国後、生涯の恩師である隅谷三喜男先生のもとに挨拶にうかがうと、先生からJOCS

で働いてほしいと頼まれました。それで取り組んだのが先述のワーカーが燃え尽きてしまうという問題です。

ＪＯＣＳで10年働いて、地域の健康を維持するためにはどうしても基礎的な教育が必要だということを痛感したので、１９９０年にアジアキリスト教教育基金（ＡＣＥＦ）を設立しました。その目的は、一つにはバングラデシュのキリスト教系ＮＧＯと協力し、現地に初等教育のための「寺子屋学校」を建てること。もう一つは、アジアに使命と責任をもつキリスト者青年を育成していくこと、でした。今、寺子屋学校は60を越え（２００６年現在）、３月と８月には現地を訪問するスタディツアーを行います。多様な参加者とともに朝晩礼拝をしますが、聖書をバングラデシュで読むことは実に大きな経験です。たとえば「貧しい者は幸いだ」との言葉が迫ってきます。

実際に貧困の現場に立ち、御言葉に触れることで、仕える働きについて、参加者はそれぞれあらためて考えさせられるようです。そして距離的には遠いバングラデシュの人々を、近しい隣人ととらえ、その隣人との関係性の中で自分の歩みをとらえる、ということを身をもって理解します。きっと帰国してからもそれぞれの場で新しい歩みを始めてくれているでしょう。

こうして考えてみると、不十分ではありますが、私は私なりに「仕える」という働きをなんとかやってきた、と言えるのかもしれません。皆さんにもそれぞれの生き方があるでしょう。ただ自分のために生きるだけでは満足できないと思うのです。どんな生き方においても、隣人に仕えることができるし、積極的にそれを求めていくことができます。

ある時政府の高官が「今は忙しいから無理だけれど、退職したらボランティア活動をしたい」と言いました。そうではない、と私は思います。奉仕が老人の趣味みたいに考えられているのは、非常におかしいのです。

そうではなくて、奉仕というのは根本的に言えば「生きる方向性」です。自分がどちらの方向を向いて生きていくのか。自分のことだけを考えるのか、それとも隣人の方を向いて生きていくのか。

自分の身をささげて隣人に仕える

私たちは自分の身をささげて隣人と共に生きる働きへと招かれています。主に支えられながら、肩の力を抜いて、喜びをもって、それぞれの場で互いにこの働きを担えたらすばらしいと思います。

あとがき

この説教集出版の動機は、二つあります。

一つは、２０１１年４月より10年間仕えてきた勝沼教会の新築のことです。建てられてからすでに50年以上も経っており、前任牧師からの唯一の申し送りが「玄関を入ったところの床がボコボコで、早急に修理しないと陥没しますので、よろしく」とのこと、台風が来て屋根のトタンが４枚も飛んでご近所に迷惑をかけ、壁には大きな穴。ある公共団体から会堂を定期的に借りたいとの申し出があり、喜んでお貸ししますと言ったのですが、後日、この建物は人が大勢集まってはいけないという査定が出たので、辞退しますとのことでした。

それでは新築する以外にないとの結論を出したのですが、現住陪餐会員13名の教会で４０００万円の予算を組もうというのですから、教会の役員会は当初猛反対。仕方なく1年凍結しました。ところが、それから1年ほど経ったころ、その猛反対していた役員が、礼拝の牧会祈祷の中で、熱心に会堂建築について祈り始めたのです。それから9年間祈り、献金して、何とか目標額に少し足りないくらいにまでなりました。そこで献金してくださった方々に感謝のしるしとして差し上げることができればと思い、説教集の出版を考えた次第です。

第二は、私の個人的な事情です。私は１９６５年、東京神学大学を卒業して以来、2年半を東京足立区の聖和教会に仕えましたが、それ以降、ベトナム孤児救済、日本キリスト教海外医療協力会、アジアキリスト教教育基金など、いわゆる社会的な活動に従事してきました。特に自分で意図的にそうしたいという思いはなかったのですが、神の摂理であったと考えています。しかし、自分が「伝道者」として召しを受けているという志は、ひとときも忘れたことはありませんでした。そしてその間、私の活動のすべてのエネルギーは、聖書に記されているとおり「天」より来たことを確信し、そのことを何とか表したいと常々考えていました。特に苦境にあっては、また、活動の無意味さに直面した時には、目を「地」のもの、社会の惨状、ニーズなどに向けていたのでは、そこから抜け出ることはできないことを「身証」しました。ただ、目を「天」に向けることによってのみ、「主の召しに応え、まことの生きがい」を見つけることができたのです。

これらは、ひとえに恩師隅谷三喜男先生と東神大で教えを受けた賜物であると思っております。伝道者であることの証しは「説教」です。そこで今回、説教集を出版し、書名を『我が国籍は天に在り』とさせていただきました。

今回の出版については、学生時代からの親友・近藤勝彦先生に「推薦のことば」を書いていただきました。また東神大教授・中村町教会牧師小友聡先生にも大変お世話になりました。出版局の伊東正道氏、市川真紀氏にもご協力をいただきました。心より感謝いたします。

船戸　良隆

2021年8月　山梨県大月にて

船戸良隆（ふなと・よしたか）

Funato Yoshitaka
1936年、東京生まれ。

1965年、東京神学大学を卒業し日本基督教団聖和教会に赴任。

1967年、日本基督教団、NCC（日本キリスト教協議会）よりベトナムに派遣され、難民孤児の救済にあたる。

1976年、国際協力基金より、タイ・タマサート大学に派遣される。

1979年、プリンストン大学・神学校客員研究員となる。

1981年、JOCS（日本キリスト教海外医療協力会）総主事就任。

1990年、ACEF（アジアキリスト教教育基金）創設に携わり、事務局長に就任。

2000年、国際協力NGOセンター理事長就任。

現在、日本基督教団勝沼教会牧師。

装幀・熊谷博人

カバー写真・小俣大己

我が国籍は天に在り——志の信仰に生きる

2021年8月23日発行

著　者　船　戸　良　隆
発行所　日本キリスト教団出版局
〒169-0051　東京都新宿区西早稲田2-3-18
電話・営業03（3204）0422、編集03（3204）0424
https//bp-uccj.jp/
印刷・製本　河北印刷

ISBN978-4-8184-1085-5　C0016　**日キ販**
Printed in Japan